PIXIE TURNER

Wellness Rebel

Über die Autorin:
Pixie Turner ist studierte Ernährungswissenschaftlerin, und sie betreibt
den mehrfach ausgezeichneten Food-Blog pixieturnernutrition.com.
Sie schreibt für diverse Magazine, stand bereits bei den Fernsehsendern
BBC World News und *Channel* 5 vor der Kamera und wird regelmäßig
als Expertin zu Events eingeladen. Bei Instagram klärt sie als
@PixieNutrition über Diätbullshit auf.

PIXIE TURNER

Wellness Rebel

DIÄTBULLSHIT ERKENNEN
UND ESSEN WIEDER LIEBEN LERNEN

Übersetzung aus dem Englischen
von Elisa Valérie Thieme

lübbe life

INHALTSVERZEICHNIS

>>Clean Eating<<

Lass mich gleich zu Beginn etwas klarstellen, damit es hier bloß zu keinem Missverständnis kommt: Das hier ist kein Diätratgeber, keine Clean-Eating-Bibel, kein Handbuch zur Radikalumwandlung und kein Wundermittelchen. Hier geht es um Fakten und Ernährungswissenschaft, was meiner Ansicht nach womöglich die beste Naturwissenschaft ist, weil sie sich mit unserem tagtäglichen Leben beschäftigt. Das Buch ist auch kein Manifest einer weiteren x-beliebigen Wellness-Bloggerin. Ich habe einen Bachelorabschluss in Biochemie und einen Master of Science in Ernährungswissenschaften vorzuweisen, außerdem bin ich Mitglied im britischen Verband für Ernährung (der *Association for Nutrition*). In meinem Blog pixieturnernutrition.com habe ich meine persönliche Entwicklung von der ungesunden Studentin über die frenetische Clean-Eating-Anhängerin bis hin zur Wissenschaftlerin und Skeptikerin festgehalten. Seit ich vor einigen Jahren, zunächst noch als Plantbased Pixie, mit dem Bloggen begonnen habe, habe ich so einiges dazugelernt, und ich möchte mein Wissen mit dir teilen – in der Hoffnung, dass du es interessant findest und ein paar Fehler vermeiden kannst, die ich gemacht habe.

Ich hatte das Glück, mit einer Mutter aufwachsen zu dürfen, die fast täglich frisches Essen auf den Tisch gezaubert hat. Während viele andere Kinder nicht regelmäßig mit ihren Familien um den Abendbrottisch saßen, hat meine Mutter mit Verweis auf diese deutsche Familientradition darauf bestanden. Ich wuchs also mit drei Mahlzeiten am Tag auf, die ich – vom Schulessen mal abgesehen – immer mit meiner Familie eingenommen habe. Zudem hatten wir einen wunderschönen Garten, in dem meine Mutter allerhand angepflanzt hat: Äpfel, Birnen, Möhren, Artischocken und Tomaten in vier verschiedenen Farben. Jeden Sommer und Herbst gab es frisches Obst und Gemüse im Überfluss, das wir täglich ernteten. Das war Segen (nichts ist besser, als einen Apfel frisch vom Baum zu pflücken und direkt hineinzubeißen) und Fluch zugleich – weil man dann zweimal täglich grüne Bohnen vorgesetzt bekam, wenn mal wieder zu viel davon angebaut worden war. Ich durfte sogar mein eigenes Essen mit zur Schule nehmen (von Mama gekocht), und das Jahre, bevor das üblich wurde. Einfach, weil meine Mutter sich Sorgen bezüglich der Essensqualität machte. Das war extrem fürsorglich und vielleicht auch ein bisschen kontrollierend. Kontrolle ist ein starker Faktor, wenn es um ungesunde Einstellungen und Verhaltensweisen rund ums Essen geht – das habe ich später am eigenen Leib erfahren.

MEINE »GESUNDEN« JAHRE

Ich war ein sehr zurückhaltendes Kind, und plötzlich in einer vollkommen fremden Umgebung an der Universität zu sein katapultierte meine Schüchternheit auf ein ganz neues Level. Um etwaige Kritik meiner Mitbewohner über meine Kochkünste zu vermeiden und die Nahrungsaufnahme und Kalorienzahl besser kontrollieren zu können, aß ich nur noch Fertiggerichte für die Mikrowelle. Im Studium brach sich meine Sorge um die richtige Ernährung Bahn. Diese Angst passte bestens zu meinem Hang zum Perfektionismus und meiner tiefsitzenden Versagensangst, mit der ich mich, solang ich denken konnte, herumgequält hatte.

Ich wusste, dass das nicht die gesündeste Form der Ernährung war. Aber meine Schüchternheit war stärker als der Wunsch, gut zu essen. Erst als ich im zweiten Semester einen Bluttest machte, der einen erhöhten Cholesterinspiegel zum Vorschein brachte, wurde ich wachgerüttelt. Meine Großmutter hatte sehr hohe Cholesterinwerte und litt unter Typ-2-Diabetes, und mein Vater hatte ebenfalls erhöhte Werte und nahm Statine ein (das sind Medikamente, die den Cholesterinspiegel senken). Es bestand Grund zur Annahme, dass meine hohen Cholesterinwerte durch Hypercholesterinämie verursacht wurden, eine genetische Veranlagung, von der etwa einer von 250 Menschen in Großbritannien [1] betroffen ist, und die ich wahrscheinlich von meiner väterlichen Seite vererbt bekommen habe – danke, Dad!

Ich war erst 19 Jahre alt, ziemlich jung, um schon Statine einzuwerfen, und mir wurde ein Jahr eingeräumt, um meine Ernährung umzustellen. Ich wurde aber direkt gewarnt, dass die Aussichten aufgrund meiner genetischen Veranlagung nicht die besten seien. Selbstverständlich habe ich mich dann erstmal an Dr. Google gewandt, wo ich mit Gesichtern und Blogs von Gesundheits-»Gurus« bombardiert wurde, die ihre Ernährung umgestellt und anschließend grandiose Erfolge zu verzeichnen hatten. Sie sahen wunderschön, schlank, glücklich und strahlend aus und proklamierten, die Gesundheit sei wichtiger als strikte Diäten. Allerdings schienen sie stets diversen Nahrungsgruppen komplett abgeschworen zu haben. Natürlich konnte ich mich ihrem Charisma nicht entziehen und verfiel ihnen komplett. Von da an hüpfte ich von einem Blogger-Credo zum nächsten, verzichtete erst auf raffinierten Zucker, ernährte mich dann nach der Paleo-Methode, wurde Vegetarierin, dann eine gluten-, zucker- und sojafreie Veganerin. Eigentlich kann man sagen, dass ich so ziemlich jede Diät ausprobiert habe.

Das war auch die Zeit, in der ich begann, Essensfotos bei Instagram als eine Art Ernährungstagebuch zu teilen, und vielen anderen Accounts folgte, die genau die gleiche Art zu essen propagierten. So lernte ich, welche Nahrungsgruppen gerade nicht auf dem Speiseplan stehen sollten. Ehrlicherweise muss ich sagen, ich ging total blauäugig an die Sache heran und wurde dabei von meinen zahlreichen Onlinebekanntschaften, die exakt das Gleiche wie ich taten, unterstützt. Und ich muss zugeben, dass die Diäten in gewisser Weise halfen. Einerseits ergab ein Cholesterintest ein Jahr später, dass meine Werte gesunken und gerade noch im Normbereich waren – und immer noch sind –, aber andererseits war ich wohl die langweiligste Studentin, die man sich vorstellen kann. Mein Leben drehte sich nur noch um Essen: Ich hatte kein wirkliches Sozialleben, ging nicht mehr mit Freunden ins Restaurant, und wenn ich meine Eltern besuchte, wurde die Toleranz auf beiden Seiten bis zum Äußersten strapaziert. Meine Beziehung zum Essen mochte nach außen hin gesund wirken, doch sie war bestimmt nicht ideal: Je mehr Nahrungsgruppen ich von meinem Speiseplan strich, um meine Ernährung »cleaner« zu machen, desto größer wurden meine Ängste. Ironischerweise wuchs meine Social-Media-Reichweite rasant, während mein analoges Sozialleben litt. Das lag zum einen an Instagram, zum anderen aber auch daran, dass ich inzwischen im klassischen Wellness-Blogger-Stil Rezepte auf meinem Blog teilte.

All diese Faktoren – Angst vor bestimmten Lebensmitteln, unnötige Einschränkungen, wenige Sozialkontakte, Fixierung auf die Reinheit einzelner Produkte – zählen zu den klassischen Symptomen der Orthorexie. *Orthorexia nervosa* ist eine Essstörung und bezeichnet eine krankhafte, möglicherweise sogar gefährliche Fixierung auf gesunde Ernährung. Bis dato gibt es kein von der Schulmedizin anerkanntes Krankheitsbild, aber der Bekanntheitsgrad und die Zahl neuer Forschungserkenntnisse wachsen stetig. Ich jedenfalls habe kein Problem damit, öffentlich zuzugeben: »Ja, ich hatte Orthorexie« – und ganz ehrlich, das war kein Spaß. Da die Störung den Deckmantel des »Gesund-leben-Wollens« trägt, wird sie selten erkannt; tatsächlich finden sich sogar schnell Unterstützer, weil der Wunsch nach gesunder Ernährung an sich als etwas Gutes bewertet wird. Das ist er natürlich auch, aber nur, wenn kein psychologischer oder physischer Schaden daraus erwächst. Obwohl ich mich supergesund ernährte, hatte ich keine tolle Haut (immer noch nicht, das scheint so etwas wie mein persönlicher Fluch zu sein), war nicht zufrieden mit meinem Aussehen und fühlte mich oft müde und erschöpft. Ich habe das nie testen lassen, aber vermutlich hatte ich einen Eisen- oder Vitamin-B$_{12}$-Mangel von meiner »supergesunden« Ernährung.

VON DER WELLNESS-BLOGGERIN ZUR REBELLIN

Es ist okay für mich zurück- zuschauen und zu sagen: »Ja, ich hatte Orthorexie.«

Nach dem Uniabschluss kratzte ich sämtliches Geld zusammen, das ich binnen dreier Jahre als Tutorin und durch Stipendien zusammengespart hatte, und ging ein Jahr lang auf Reisen. Während dieser Zeit durfte ich viele verschiedene Kulturen kennenlernen. Ich fing direkt mit einem Extrem an und begann meinen Trip in Indien. Augenblicklich sah ich mich mit einem Dilemma konfrontiert: Wird Ghee (ein tierisches Produkt) oder Kokosnussöl benutzt? Und weißt du, was ich gemacht habe? Ich habe nicht nachgefragt, sondern einfach gegessen. Für mich besteht das Kennenlernen einer anderen Kultur im Wesentlichen auch aus Essen, und mit meiner speziellen Diät war das nicht möglich – ich hätte also viel verpasst. Als meine Ernährungsbeschränkungen in Konflikt mit meiner Abenteuer- und Reiselust gerieten, ließ ich sie fahren und wurde wieder flexibler. Vorübergehend. So einfach geht das natürlich nicht, was glaubst du denn!

Nach meinem Aufenthalt in Indien, dem Ghee-Problem und dem besten Essen, das ich jemals in meinem Leben gegessen habe, verbrachte ich mehrere Monate in Südostasien und folgte der üblichen Backpacker-Route: Pad Thai in Thailand, Pho mit Rindfleisch in Vietnam und immer und überall gebratenes Gemüse mit Austernsoße. Ich ließ mich jedoch nicht komplett gehen und besuchte überall Kochkurse. Zuvor klärte ich ab, ob sie meinen speziellen Bedürfnissen gerecht wurden. Einmal buchte ich sogar eine Einzelstunde bei einer uralten Vietnamesin, die mir beibrachte, wie man eine vegetarische Pho-Suppe ansetzt. Sie gab mir Stift und Papier und erwartete anschließend, dass ich gleichzeitig Notizen machte und mit ihr kochte. Es war unglaublich.

Ich kann mich noch genau
an den Wendepunkt erinnern,
als mir ein Licht aufging
und ich mich fragte:
»Was zur Hölle mache ich
mit diesen Leuten?«

Als Nächstes reiste ich nach Australien, wo ich schnell in alte Gewohnheiten zurückfiel. Die krasse Lifestyle-Kultur der Ostküste war ein zweischneidiges Schwert. Ich freundete mich mit ein paar anderen Gesundheits-Bloggern an und arbeitete in einem unabhängigen Naturkostladen. Es gefiel mir dort, aber dass ich von Leuten (sowohl Bloggern als auch Kunden) umgeben war, die noch mehr als ich an gesunder Ernährung hingen, war nicht ideal.

Ich kann mich noch genau an den Wendepunkt erinnern, als mir ein Licht aufging und alles sich änderte. Ich lebte gerade in Melbourne, saß mit ein paar anderen Gesundheits-Bloggern im Auto, und eine sagte, sie würde nicht im Traum daran denken, ihre künftigen Kinder impfen zu lassen. Es war, als würde ein Schalter in mir umgelegt werden. Ich dachte mir: »Ich bin Naturwissenschaftlerin – was zur Hölle mache ich mit diesen Leuten?« Ich ging nach Hause und fand auch in der Online-Community Kritiker. Dann stürzte ich mich in die Recherche. Während ich mehr und mehr las, hinterfragte ich allmählich die Weisheiten der Gesundheitsgurus und verglich ihre Ernährungsphilosophien mit wissenschaftlichen Erkenntnissen: Es passte einfach nicht zusammen. Von da an habe ich jede Modeerscheinung und jede unwissenschaftliche Diät links liegen gelassen und nur noch auf Fakten vertraut.

Bis heute habe ich nie bereut, von diesen restriktiven Regeln abgekommen zu sein. Ich erlaube mir, Essen zu genießen, es nicht länger als eine Zusammensetzung von Makro- und Mikronährstoffen und gesundheitlichen Fallstricken zu sehen. Diese Erkenntnis zählt zu den Gründen, warum mein Reisejahr eines der besten meines Lebens wurde.

Allgemein würde ich meine Ernährung als »pflanzenbasiert« beschreiben, aber es gibt verschiedene Deutungsweisen für diesen Begriff. Einige setzen ihn mit vegan gleich (weil keine Tierprodukte verwendet werden), während zusätzlich auf stark industriell verarbeitete Lebensmittel verzichtet wird. Das ist vermutlich der Grund, warum manche verwirrt (und ab und an sogar wütend) reagiert haben, wenn sie gesehen haben, dass ich Eier zum Brunch esse. Daher möchte ich noch einmal klarstellen, dass ich mich nie als Veganerin bezeichnet habe. Der Verzicht auf Tierprodukte geschah denn auch aus reinem Eigennutz und nicht aus selbstlosen ökologischen oder ethischen Gründen. Das möchte ich festhalten, weil ich die Schuld für meine Essstörung nicht im Veganismus sehe. Meine Unfähigkeit, meine Ernährungsweise mit meinem Sozialleben in Einklang zu bringen, war Teil des Problems. Doch das wäre auch passiert, wenn ich mich nach dem Paleo-Prinzip ernährt hätte – jede einschränkende Diät hätte das Gleiche bewirkt. Auch wenn Veganismus mein Einstieg war, so haben mich die sozialen Medien bestärkt und waren ein ziemlich schlechter Einfluss.

In der Wissenschaftsliteratur lassen sich Studien über pflanzenbasierte Ernährung finden, die von einem Pflanzenanteil von 100 % bis gerade mal 66 % ausgehen. Daher gehe ich als studierte Wissenschaftlerin und Ernährungsberaterin bei einer »pflanzenbasierten Ernährung« von einer Ernährungsweise aus, die auf Pflanzen basiert, aber nicht ausschließlich daraus besteht. Ich schätze daran besonders, dass jeder sich so ernähren kann. Sich zu 100 % von Pflanzen zu ernähren ist nicht unbedingt wünschenswert, durchführbar oder überhaupt empfehlenswert, aber 66 % Pflanzen? Das lässt sich leicht bewerkstelligen, erscheint weniger herausfordernd, und wirkt sich trotzdem ausgesprochen positiv auf die Gesundheit aus.

PIXIE-TIPP
»Pflanzenbasiert«
bedeutet nicht automatisch »vegan«.
Es kann einen
pflanzlichen Anteil
in der Ernährung
von 66 % bis 100 %
bezeichnen.

AUSGEWOGEN STATT EINGESCHRÄNKT

Der Begriff »ausgewogen« wird von Gesundheits-Bloggern besonders gern benutzt. Ich glaube tatsächlich, dass meine Ernährung inzwischen ausgewogen ist, weil ich mir keine unnötigen Beschränkungen auferlege. Es gibt keine Verbote. Ich esse intuitiv, und das ist von Tag zu Tag anders. Das ging jedoch nicht über Nacht: Es brauchte viele Monate, bis ich mein orthorexisches, diätverrücktes Denken in die jetzige Bahn lenken konnte. Viele Blogger behaupten, ihre Ernährungsweise sei »keine Diät, sondern ein Lifestyle«, und nennen im gleichen Atemzug Ernährungsregeln, Ratschläge, wie man am Ball bleibt, und Empfehlungen, was zu tun ist, wenn man mal schwach geworden ist. Diäten bestehen aus Regeln, die zu befolgen sind. Diäten werden begonnen, befolgt und versagen dann in ewigen Wiederholungsschlaufen. Kurzum: Diäten funktionieren nicht.

Ein Lifestyle besteht nicht aus Regeln. Wir können nicht schwach werden, weil wir nicht stark sein müssen. Man muss sich nicht »extra anstrengen während der Feiertage«, weil das wahre Leben in all seinen Facetten und Fehlern der einzige Weg ist, und zwar der, auf dem wir uns immer befinden. Die Vorstellung ist schwierig und klingt vielleicht zu gut, um wahr zu sein, weil wir andauernd mit Schlagzeilen und Ratschlägen zu bestimmten Lebensmitteln, die es zu vermeiden oder unbedingt zu essen gilt, bombardiert werden. Doch nur weil etwas für »gesund« befunden wurde, bedeutet das noch lange nicht, dass man es zwangsläufig auch konsumieren muss. Ich hasse zum Beispiel rohen Grünkohl – wenn ich auf einer einsamen Insel hungern würde, würde ich lieber Sand essen –, aber wenn du ihn magst, dann nur zu.

Ich glaube nicht an »gesundes« und »ungesundes« Essen. Essen ist nicht gesund; Essen ist nahrhaft, und wenn wir nahrhaftes Essen zu uns nehmen, bleiben wir (hoffentlich) gesund. Genauso ist Essen auch nicht »gut« oder »schlecht«, aber diese Begriffe können benutzt werden, um gewisse Essgewohnheiten zu betiteln. Genau wie ein einzelner Salat keine jahrelange ungünstige Ernährung wettmacht, so macht auch ein einzelner Schokoriegel kein lebenslanges nahrhaftes Essen zunichte. Ich habe ein großes Problem damit, mit welchen Ausdrücken wir unser Essen und unsere Ernährungsgewohnheiten beschreiben, und ich finde, dass wir öfter darüber reden sollten. »Clean«, »mit gutem Gewissen«, »gesund«, »echt« – das sind Begriffe, die unsere Ernährungsweise bewerten und denen Verurteilung, Anmaßung und elitäres Denken anhaften. Wenn ich behaupte, »sauber« zu essen, heißt das, dass dein Essen »schmutzig« ist? Wenn ich mein Dessert »mit gutem Gewissen« verzehre, bedeutet das dann, dass du dich schlecht fühlen solltest? Nein. Einfach nein. Auch wenn gegenteilige Bezeichnungen wie »schmutzig« und »schlechtes Gewissen« nicht gebraucht werden, werden sie doch impliziert, was sogar noch schlimmer ist. Sie kriechen in unser Unterbewusstsein, beeinflussen unsere Selbstwahrnehmung und unsere Selbstachtung, ohne dass sie dabei greifbar wären. Essen ist wundervoll, köstlich, schön anzusehen, einladend, appetitlich ... aber niemals schmutzig, und man sollte sich niemals schuldig dabei fühlen. Keine Ernährungsweise macht einen Menschen besser als andere.

Alles besteht aus Chemikalien. Alles, was du isst, und alles, was du einatmest, besteht aus Chemikalien.

Orthorexie klingt vielleicht harmlos, kann jedoch sehr gefährlich werden, sowohl psychologisch als auch physisch, und zu Mangelerscheinungen und -ernährung führen. Die Clean-Eating-Bewegung hat wegen ihrer unbegründeten Theorien und Verbote, pseudowissenschaftlichen Aussagen, gefährlichem Vokabular rund ums Thema Essen und potenziellen Mitschuld als Orthorexie-Auslöser massiven Gegenwind von Wissenschaftlern und der Öffentlichkeit bekommen. Während meiner eigenen Erfahrungen mit der Gesundheits- und Clean-Eating-Community habe ich vielfach erlebt, dass diese online stark aktive Gemeinschaft eine Rolle in der Entwicklung und dem Anhalten von orthorexischen Tendenzen gespielt hat. Ich habe sogar eigene Studien zu dieser Thematik durchgeführt, die von meiner Alma Mater (dem University College London) finanziert, von einem Ethik-Gremium genehmigt und von einem Professor der Ernährungswissenschaft sowie einem wissenschaftlichen Mitarbeiter aus dem psychologischen Fachbereich begleitet wurden. Ich konnte nachweisen, dass ein Zusammenhang zwischen Orthorexie und Social-Media-Nutzung besteht: 90 % der Studienteilnehmer hatten orthorexische Tendenzen. Das ist verdammt viel. Damit will ich allerdings nicht sagen, dass zum Beispiel Instagram per se gefährlich ist; es kann ein unfassbar inspirierender Ort sein, wo man echte Bindungen knüpfen kann – ich habe meine besten Freunde darüber kennengelernt! –, aber für Risikokandidaten können die problematischen Einflüsse zu einem ungesunden Verhältnis zum Essen führen. Ich gebe offen zu, dass ich davon betroffen war, und diese Ehrlichkeit ist ein wichtiger Schritt dahin, Instagram auf sichere Weise zu verwenden. Instagram ist super, aber pass bitte gut auf dich auf.

Ein Grund, weshalb die Clean-Eating-Bewegung für die Verbreitung von Orthorexie verantwortlich gemacht wird und es einige Jahre später zu einem solchen Backlash kam, ist die extrem unkontrollierte Art der Informationsverbreitung. Wenn man sich einen beliebigen Big Player der Bewegung genauer ansieht, findet man einen Haufen von Fehlinformationen und pseudowissenschaftlichen Aussagen. Ob es nun die Verteufelung von Gluten, ein absolutes Unverständnis des körpereigenen Säure-Basen-Haushalts oder das Bewerben von »Entgiftungs- und Reinigungskuren« ist. Diese Wellness-Pioniere meinen es vielleicht gut, aber sie haben das Vertrauen von Millionen von Abonnenten erworben mit gutem Aussehen, hübsch angerichtetem Essen und cleveren Marketingstrategien – und das, obwohl sie meistens keinerlei ernährungswissenschaftliche Qualifikationen

Instagram kann zu Freundschaften, aber auch zu ungesunden Einstellungen gegenüber Essen führen.

vorzuweisen haben. Die Konsequenzen ihrer Predigten erlebe ich anhand meiner Klienten aus nächster Nähe. Manche können ihre Essstörungen sogar zu den Aussagen einzelner Blogger zurückverfolgen. Ihre Worte und Ratschläge werden einfach hingenommen und niemals hinterfragt ... bis vor Kurzem.

Es ist okay, etwas verkehrt zu machen, Fehler einzugestehen, sich zu ändern und angesichts harter Fakten zu verbessern. So funktioniert wissenschaftliches Arbeiten, und ich glaube, wir alle sollten etwas skeptischer und ein bisschen wissenschaftlicher sein. Ich gebe zu, dass auch ich Fehler gemacht habe: Ich bin auf jeden pseudowissenschaftlichen Unsinn von Wellness-Bloggern hereingefallen, habe beispielsweise zahllose Nahrungsgruppen von meinem Speiseplan gestrichen, geglaubt, dass »Superfood«-Pulver gesund sind, raffinierten Zucker als giftig betrachtet, kein Gluten mehr zu mir genommen, entsaftet, was das Zeug hält, den Drang verspürt, meinen Körper zu »entgiften«, und sogar einwöchige vegane Rohkost-»Reinigungen« vorgenommen.

Ich habe einen moralischen Kompass ans Essen geklatscht. Ich bin nicht perfekt, aber ich habe aus diesen Fehlern gelernt. Ich habe neue Erkenntnisse dazugewonnen und mein Verständnis von Ernährung und Gesundheit vertieft. Ich habe mir auf jeden Fall ein paar Feinde gemacht unter denjenigen, die meine öffentliche Kritik an ihrer Angstmacherei nicht mochten. Aber ich glaube, dass ohne ein paar angepisste Leute und diverse Kontroversen auch nichts Neues oder Spannendes entstehen kann. Ich interpretiere das als Zeichen dafür, dass ich etwas richtig mache. Jetzt möchte ich dir helfen, das Gleiche zu erreichen, und übergebe dir die Mittel meiner Wahl: wissenschaftliche Erkenntnisse, leckeres, verlockend angerichtetes Essen und einen Hauch Sarkasmus.

Jedes Buchkapitel setzt sich mit einem verbreiteten Ernährungsmythos auseinander, der sowohl die Gesundheitsindustrie als auch die Medien beschäftigt: Gluten, Rohkost, Detox und Superfood, alles kommt vor. Ich gehe jedes Thema basierend auf der wissenschaftlichen Wahrheit hinter dem Mythos an, trenne Fakten von Fiktion und zeige dir, wie man diese Erkenntnisse auf leckere, bullshitfreie, ehrliche Rezepte überträgt. Bist du bereit? Dann lass uns loslegen ...

PIXIE-TIPP
Jedes Kapitel in diesem Buch behandelt einen anderen Ernährungsmythos, aber ich empfehle, mit dem nächsten Kapitel zu starten, damit du die Basics kennst!

Essen ist wundervoll, köstlich, schön anzusehen, einladend, appetitlich ... ABER NIEMALS SCHMUTZIG, und es sollte nie ein SCHLECHTES GEWISSEN machen.

Das
>>Richtige<<
essen

 DIE BIOCHEMIE DER ERNÄHRUNG

Um Bullshit zu entlarven und Online-Wahrheiten und -Unwahrheiten voneinander unterscheiden zu lernen, sollte man ein paar Grundlagen über die Biochemie der Ernährung kennen. Ich will dich nicht mit Fachbegriffen erschlagen, aber ein paar Basics solltest du wissen.

Unser Essen besteht im Wesentlichen aus Makronährstoffen und Mikronährstoffen. Makronährstoffe müssen in größeren Mengen eingenommen werden (stell dir Grammmengen vor), Mikronährstoffe in kleineren Mengen (Milligramm oder weniger). Makronährstoffe schließen Kohlenhydrate (und Ballaststoffe), Fette und Proteine ein. Zu den Mikronährstoffen zählen Vitamine und Mineralien.

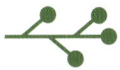 KOHLENHYDRATE

»Kohlenhydrate« bedeutet wortwörtlich »hydrierte Kohle«, d.h. Kohlenstoffatome in Verbindung mit Wasserstoffatomen, denn sie setzen sich aus Kohlenstoff-, Wasserstoff- und Sauerstoffatomen zusammen. Obwohl manche behaupten, Kohlenhydrate seien »nicht essenziell«, sind sie doch die bevorzugten Energielieferanten des Körpers. Getreide, Bohnen, nichtblättriges Gemüse, Kartoffeln und Zucker sind zum Beispiel sehr kohlenhydrathaltig.

Kohlenhydrate können außerdem in zwei Hauptgruppen unterteilt werden: einfache Kohlenhydrate und komplexe Kohlenhydrate. Einfache Kohlenhydrate sind genau das, wonach ihr Name klingt – einfache, kleine Strukturen –, und können schneller vom Körper verwertet werden als komplexe Kohlenhydrate. Diese werden eher langsam verdaut und gelten daher als langsamere Energielieferanten.

Einfache Kohlenhydrate sind sogenannte Monosaccharide und Disaccharide. Lass dich nicht von den komplizierten Begriffen abschrecken: »mono« heißt »einfach«, »di« bedeutet »zweifach«, und »Saccharide« ist der wissenschaftliche Ausdruck für Zucker. Also sind Monosaccharide Einfachzucker (z. B. Glukose, Fruktose und Galaktose), und Disaccharide sind zwei verbundene Zucker, also Zweifachzucker (z. B. Saccharose und Laktose).

PIXIE-TIPP
Du kannst jederzeit zu diesem Kapitel zurückblättern, um etwas nachzuschlagen.

Glukose steckt in Früchten, Gemüse, Getreide und Hülsenfrüchten. Sie kann auch in Körnern in Form von längeren Stärkeketten auftreten (dazu kommen wir gleich) und als Disaccharid Saccharose in Kristallzucker und Flüssigsüßmitteln. Diese lassen den Energiepegel schnell in die Höhe schießen oder werden als Glykogen in deinen Muskeln und deiner Leber gespeichert.

Fruktose kann in Obst und Gemüse oder als Disaccharid Saccharose gefunden werden. Falls du es noch nicht erraten hast: Saccharose ist das, was wir gemeinhin »Zucker« nennen.

Saccharose ist die Verbindung eines Glukose- und eines Fruktose-Atoms. Wenn du Saccharose zu dir nimmst, spalten Enzyme es in Glukose und Fruktose auf. Der Hauptunterschied zwischen Glukose und Fruktose besteht darin, dass Glukose ein Sechsring und Fruktose ein Fünfring ist, was bedeutet, dass sie unterschiedlich auf den Körper einwirken und verschiedene Stoffwechselraten haben. Glukose wird durch den Körper verstoffwechselt, wohingegen Fruktose von der Leber abgebaut wird.

Kannst du dich noch an diese Gleichung aus dem Biounterricht erinnern?

$$\text{GLUKOSE} + \text{SAUERSTOFF} \longrightarrow \text{WASSER} + \text{KOHLENSTOFFDIOXID} + \text{ENERGIE}$$

Das ist die Gleichung, die wir lernen, um zu verstehen, dass der Körper Nahrung als Energiequelle benötigt. Sie erklärt auch, warum wir Sauerstoff einatmen und Kohlenstoffdioxid ausatmen und über Schweiß und Urin Wasser absondern. Jede Zelle unseres Körpers kann Glukose vom Blutkreislauf oder aus dem Umfeld aufnehmen und in Energie umwandeln. Insbesondere das Gehirn ist auf Glukose als Energiequelle angewiesen, da es Fette oder Proteine nicht ohne Weiteres in Energie umwandeln kann.

Wenn wir über »Blutzucker« reden, meinen wir eigentlich den Glukosespiegel im Blut. Insulin wird nur bei Glukose-, nicht aber bei Fruktosekonsum ausgeschüttet und transportiert die Glukose vom Blut in die Körperzellen. Also reagiert Insulin nach dem Essen auf das Ansteigen des Blutzuckerspiegels und hilft dabei, ihn wieder zu senken, indem die Körperzellen die Glukose in Energie verwandeln.

Wenn Fruktose von der Leber verstoffwechselt wird, werden etwa 25 % davon in Laktase umgewandelt (die auch für das Brennen im Muskel während heftiger Körperanstrengung verantwortlich ist), 30−50 % in Glukose, 15 % in Glykogen und weniger als 1 % in Triglyceride (Fette).

Laktose ist ein Disaccharid aus Glukose und Galaktose und tritt in Milch auf. Daher ist sie auch als Milchzucker bekannt. Laktose wird durch das Enzym Laktase im Darm verdaut − es sei denn, man ist laktoseintolerant. Dann wird sie von Darmbakterien zersetzt, was zu einem unangenehm aufgeblähten Bauch und durchfallartigen Symptomen führen kann.

Komplexe Kohlenhydrate sind Polysaccharide, da eine einzelne Kette aus Tausenden Glukosemolekülen bestehen kann. Man kann sich das in etwa so vorstellen, dass Zucker oder einfache Kohlenhydrate wie Perlen sind und komplexe Kohlenhydrate eine ganze Perlenkette. Diese Perlen sind Energiequellen. Wenn man also auf die Energie komplexer Kohlenhydrate zurückgreifen möchte, muss man Perle für Perle vom Faden nehmen, was natürlich länger dauert, als einfach einen Haufen loser Perlen vor sich zu sehen.

Glykogen ist ein Polysaccharid und der Hauptspeicher von Glukose in Körperzellen. **Stärke** ist ebenfalls ein Polysaccharid und der Hauptspeicher von Glukose in Pflanzenzellen. Auch wenn man vielleicht annehmen könnte, die beiden seien austauschbar, gibt es doch starke Unterschiede. Glykogen findet sich in Tieren, Stärke in Pflanzen. Weiterhin ist jedes Gramm Glykogen an etwa 2 g Wasser gebunden, weswegen man auch vom »Wasser verlieren« spricht und warum Menschen zu Beginn einer Low-Carb-Diät oft extrem stark abnehmen [1].

Wenn du stärkehaltige Lebensmittel isst, spaltet ein Enzym namens Amylase diese in einzelne Glukosemoleküle und wandelt sie so in Energie (siehe Vorderseite) oder in Glykogen um. Die Glykogen-Speicher befinden sich in den Muskeln und der Leber und werden beispielsweise während körperlicher Betätigung zur Energiefreigabe abgerufen. Das Glykogen der Leber kann vom gesamten Körper abgerufen werden, das der Muskeln nur von den Muskeln. Beim Sport kontrahieren muskuläre Proteinstrukturen, und das fordert Energie, die sich im Glykogen der Muskeln befindet. Das ist eine schnelle und einfache Energiequelle. Wenn Marathonläufer »am Ende sind«, ist das der Moment, in dem ihr gespeichertes Glykogen erschöpft ist.

KÖRPERLICHE Gesundheit sollte nicht auf Kosten GEISTIGER Gesundheit gehen.

Unser Essen besteht im Wesentlichen aus Makronährstoffen und Mikronährstoffen. Makronährstoffe müssen in größeren Mengen eingenommen werden, Mikronährstoffe in kleineren Mengen.

FETTE

Fette werden auch als Triglyceride bezeichnet, da sie aus drei Fettsäuren bestehen, die an ein Glycerin-Molekül geknüpft sind. Es gibt viele Begriffe, die synonym für Fett verwandt werden, wie beispielsweise Öle (flüssige Fette) oder Lipide (Fette, aber nicht zwangsläufig Triglyceride).

Fett: Glycerin mit drei verschiedenen Fettsäuren

Es gibt in unserer Nahrung zwei Haupttypen an Fett: gesättigte und ungesättigte Fettsäuren. Ungesättigte Fettsäuren können einfach ungesättigt, mehrfach ungesättigt oder als Transfettsäuren auftreten. Ob ein Fett gesättigt, einfach ungesättigt, mehrfach ungesättigt oder als Transfett vorliegt, hängt von der Anzahl der Doppelbindungen in der Fettsäurekette ab.

Gesättigte Fettsäuren bestehen aus einer Kette von Kohlenstoffatomen, die über Einfachbindungen miteinander verknüpft sind. Wegen dieser Einfachbindungen sind nur zwei Arme des Kohlenstoffatoms mit der benachbarten Kohlenstoffkette verbunden, zwei weitere sind noch frei. Sitzen dort Wasserstoffatome, ist die Fettsäure komplett mit Wasserstoff gesättigt, was die Bezeichnung »gesättigte Fettsäure« erklärt. Ungesättigte Fettsäuren wiederum weisen eine oder mehrere Doppelbindungen an die Fettsäurekette auf. Da jedes Kohlenstoffatom nur vier Bindungen eingehen kann, können weniger Bindungen zwischen Wasserstoff- und Kohlenstoffatomen entstehen, weswegen viele Kohlenstoffatome »ungesättigt« bleiben. Besteht nur eine Doppelbindung, handelt es sich um eine einfach ungesättigte Fettsäure, bei mehreren um eine mehrfach ungesättigte Fettsäure.

Wenn du dir die Abbildung auf der Vorderseite ansiehst, ergibt das hoffentlich mehr Sinn. Die erste Grafik zeigt eine gesättigte Fettsäure, die zweite eine einfach gesättigte und die dritte eine mehrfach gesättigte. Diese Unterschiede sind wichtig. Gesättigtes Fett weist eine gleichmäßige Struktur auf, die aufgrund ihrer Beschaffenheit eng verdichtet werden kann. Deswegen treten gesättigte Fette oft in fester Form auf, so zum Beispiel als Butter oder Käse. Ungesättigte Fette können aufgrund ihrer unregelmäßigen Beschaffenheit nicht derart verfestigt werden und sind meist flüssig, wie beispielsweise Olivenöl.

Ungesättigte Fettsäuren werden nach ihrem nicht sauren Ende benannt (beispielsweise dem Ende, das nicht mit Glycerin verknüpft ist). Dieses Ende nennt sich »ω-Ende« oder Omega-Ende. Hoffentlich ist dir jetzt ein Licht aufgegangen und du hast direkt an Omega-3-Fettsäuren und Omega-6-Fettsäuren gedacht. Beides sind mehrfach ungesättigte Fettsäuren (auch PUFA genannt, aufgrund der englischen Bezeichnung *Poly Unsaturated Fatty Acids*). Omega-3-Fettsäuren werden so genannt, weil das vom Ende aus dritte Kohlenstoffatom eine Zweifachbindung aufweist, Omega-6-Fettsäuren wiederum weisen an sechster Stelle vom Ende aus eine Zweifachbindung auf.

Der menschliche Körper kann die meisten Fette, die er braucht, selbst aus anderen Fetten oder Rohmaterialien herstellen. Omega-3-PUFA zählen zu den essenziellen Fetten, die nicht vom Körper selbst aufgebaut werden können und über die Nahrung aufgenommen werden müssen. (Wichtig: Essenziell ist nicht zu verwechseln mit Essenzen. Letzteres bezeichnet konzentrierte Öle.) Die drei Arten der Omega-3-PUFA, die für uns Menschen wichtig sind, sind Alpha-Linolensäure (ALA = *Alpha-Linolenic Acid*), Eicosapentaensäure (EPA = *Eicosapentaeonic Acid*) und Docosahexaensäure (DHA = *Docosahexaenoic Acid*). ALA findet sich in Pflanzen, EPA und DHA kommen vor allem in Fischölen vor. Unser Körper kann ALA in EPA und DHA umwandeln, ist dabei jedoch nicht besonders effizient. Daher ist ALA die einzige Omega-3-PUFA, die unverzichtbar ist. DHA und EPA können als bedingt unverzichtbar betrachtet werden – das hängt von einigen Umständen ab.

Von den Omega-6-PUFA zählt nur die kürzeste, Linolsäure, zu den unverzichtbaren Fettsäuren. Der Körper kann sie in längere Fettsäureketten umwandeln. Omega-6-Fettsäuren befinden sich in den meisten Pflanzenölen, Eiern, Nüssen und Vollkornprodukten.

Gemeinhin fällt es uns leicht, genug Omega-6-Fettsäuren über unsere Ernährung aufzunehmen. Bei Omega-3-Fettsäuren sieht es anders aus. Vielleicht hast du mal irgendwo gehört, dass Omega-3-Fettsäuren entzündungshemmend wirken und Omega-6-Fettsäuren genau das Gegenteil bewirken können. Tatsächlich sieht das Ganze etwas komplizierter aus, aber dieses Kapitel setzt sich noch nicht mit der Gerüchteküche auseinander!

Omega-7- und Omega-9-Fettsäuren sind einfach gesättigt und müssen nicht über die Ernährung aufgenommen werden, da der Körper sie über andere Fette beziehen kann. Olivenöl, Rapsöl, Avocados (ganz oder als Öl) und Macadamiaöl enthalten reichlich davon.

Transfette sind ebenfalls ungesättigte Fette und weisen Doppelbindungen in einer Form auf, die eher nicht in natürlichen Nährstoffen vorkommt: cis-Doppelbindungen in trans-Konfiguration. Transfette kommen in kleinen Mengen in der Natur vor, haben jedoch vor allem über industriell verarbeitete Lebensmittel und Hydrierungsvorgänge Eingang in unsere Ernährung gefunden. Bei der Hydrierung werden liquide ungesättigte cis-Fettsäureester wie beispielsweise Pflanzenöle durch Wasserstoffanlagerungen künstlich gesättigt und schmelzen so bei niedrigeren Temperaturen. (Man denke zum Beispiel an Streichfette wie Margarine.) Während dieses Vorgangs werden die cis-Doppelbindungen aufgebrochen und können anschließend in trans-Doppelbindungen umgelagert werden.

Fett kann dem Körper als Energiequelle dienen und in Zeiten des Überschusses entsprechend eingelagert werden. Bei Bedarf werden Fette gespalten, um in Form von Glycerin und Fettsäuren verfügbar zu sein. Das Glycerin kann im Anschluss von der Leber in Glukose und so in Energie umgewandelt werden. Fettsäuren hingegen werden in einem komplexen Verfahren namens β-Oxidation abgebaut. Fette sind eine tolle Möglichkeit, Energiereserven im Körper anzulegen. Sie sind sehr viel besser als Glykogen, da sie kompakter sind, kein Wasser anziehen und mehr Energie pro Gramm einspeichern können. Ein Gramm Fett speichert mehr als sechs Mal so viel Energie wie ein Gramm hydratisiert vorliegendes Glykogen. Das heißt, wenn du zum Beispiel 70 kg wiegst und 100.000 kcal an Energie als Triglyceride eingespeichert hast (was für mehrere Wochen reicht), macht das etwa 11 kg deines Körpergewichts aus. Wenn diese Energie als Glykogen eingespeichert werden würde, würde dein Körpergewicht circa 135 kg betragen – 55 kg mehr [2]! Fett ist wirklich bedeutend effizienter.

PIXIE-TIPP
Omega-3-Fettsäuren und Omega-6-Fettsäuren sind Fette, die wir über unsere Ernährung aufnehmen müssen.

Einige Vitamine werden beim Kochen zerstört, andere kann dein Körper so umso leichter aufnehmen.

Abschließend noch eine Anmerkung zu Cholesterin, das theoretisch betrachtet auch zu den Nahrungsfetten zählt. Cholesterin ist ein wichtiger Baustein jeder Körperzelle und kann vom Körper selbst hergestellt werden. Es ist der chemische Ausgangsstoff diverser Hormone (Kortison, Testosteron, Östrogen …) sowie von Vitamin D. Theoretisch müssen wir kein Cholesterin über unsere Nahrung aufnehmen: Pflanzenzellen stellen keines her, sodass sich kein Cholesterin in pflanzlicher Nahrung, sondern nur in Tierprodukten wie Käse, Eidotter, Fleisch und Fisch befindet. Auf das Thema Cholesterin und Gesundheit gehe ich im Kapitel über Fette noch ausführlicher ein.

 PROTEIN

Proteine sind lange Aminosäureketten, die zu hochkomplexen dreidimensionalen Formen verdreht sind und hochspezifische Funktionen erfüllen. Aminosäuren sind wichtige Grundbausteine, aufgereiht wie Perlen zu einer Kette, die allerlei Gemeinsamkeiten teilen.

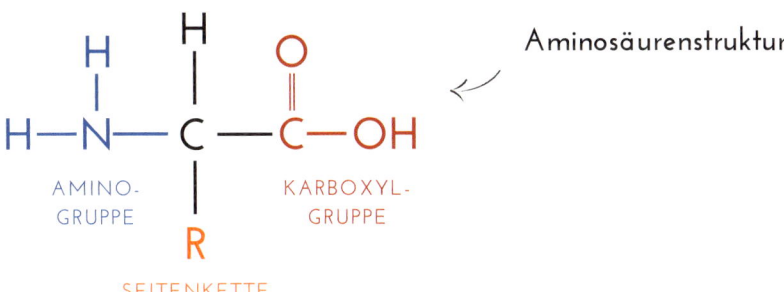

Aminosäurenstruktur

Alle Aminosäuren setzen sich aus einem zentralen Kohlenstoffatom, einer Aminogruppe (NH_2), einer Carbonsäure (COOH) – daher der Name Aminosäure – und einer Seitenkette R, die in jeder Aminosäure anders ist, zusammen. Die Andersartigkeit ist entscheidend, da dies bedeutet, dass jede Aminosäure eigene Charakteristika hat, die dazu führen, dass ein Protein seine jeweilige dreidimensionale Struktur entwickelt. Die Reihenfolge der Aminosäuren bestimmt die endgültige Form des Proteins.

Jede Aminosäure besitzt einen eigenen Namen, eine dreistellige Abkürzung und sogar eine einstellige Verkürzung, auf die Chemiker zurückgreifen, wenn sie gerade keine Lust haben, viel zu schreiben. Das menschliche Genom weist zwanzig proteinkodierende Aminosäuren auf, und von diesen zwanzig sind neun essenzielle Aminosäuren, die der Körper nicht selbst synthetisieren kann. Jede andere Aminosäure kann auf Basis anderer Strukturen hergestellt werden, wie beispielsweise mittels anderer Aminosäuren. Diese neun jedoch müssen diätisch aufgenommen werden. Falls es dich interessiert, das sind die neun essenziellen Aminosäuren: Phenylalanin, Valin, Threonin, Tryptophan, Methionin, Leucin, Isoleucin, Lysin und Histidin.

Nahrungsmittel, die alle neun in etwa der Konzentration beinhalten, in der sie vom Körper benötigt werden, werden als vollständige Proteinquellen bezeichnet. Die meisten tierischen Proteinquellen sind vollständige Proteinquellen. Zu den wenigen pflanzlichen vollständigen Proteinquellen zählen beispielsweise Quinoa, Buchweizen, Soja und Mycoprotein. Natürlich lassen sich diverse pflanzliche Lebensmittel zu einer vollständigen Proteinmahlzeit zusammensetzen, wie beispielsweise Reis mit Bohnen oder Hummus mit Pita.

Verzweigtkettige Aminosäuren (auch als BCAA bekannt; *Branched-Chain Amino Acids*) sind genau das, wonach sie klingen: Aminosäuren mit verzweigten Seitenketten. Im menschlichen Körper treten drei Formen auf, die alle zu den essenziellen Aminosäuren zählen: Valin, Leucin und Isoleucin. Diese drei bilden etwa 35 % deiner Muskelmasse und fördern die Proteinsynthese, weshalb sie ein beliebtes Nahrungsergänzungsmittel sind. Aber glaub bitte nicht, dass du solche Mittelchen brauchst, um Muskelmasse aufzubauen. Wenn du deinen täglichen Proteinbedarf deckst (das entspricht 0,8 g Protein pro Kilogramm Körpergewicht am Tag), erfüllst du absolut die BCAA-Anforderungen auf Basis proteinhaltiger Lebensmittel.

Wenn wir proteinhaltige Lebensmittel essen, werden die Proteinketten mithilfe vom Enzym Protease in Magen und Dünndarm in einzelne Aminosäureketten gespalten. Anschließend sind sie klein genug, um von der Blutbahn aufgenommen und durch den Körper transportiert zu werden.

Das ist interessant zu wissen. So sollen beispielsweise Kollagenaufbaumittel das Kollagenlevel der Haut erhöhen. Tatsächlich wird das künstlich zugeführte Kollagen wie

PIXIE-TIPP
Du kannst mehrere Komponenten zu einer perfekten Proteinmahlzeit kombinieren oder sie einzeln über den Tag verteilt essen.

jedes andere Protein gespalten und dann dort verwertet, wo der Körper gerade Bedarf erkennt. Die Wahrscheinlichkeit, dass es als Kollagen ankommt, ist sehr gering. Dein Körper absorbiert Proteine nicht als Ganzes: Dafür sind sie zu groß.

Proteine sind nicht nur für den Muskelaufbau wichtig – wobei sie einen wichtigen Anteil daran haben. Einige Proteine sind chemische Ausgangsstoffe für Neurotransmitter wie Dopamin und Serotonin. Proteine können weiterhin Signale innerhalb einer Zelle oder von Zelle zu Zelle übermitteln oder bestimmte Substanzen transportieren. Außerdem können Proteine eine Enzymfunktion haben. Tatsächlich sind alle Enzyme Proteine (was natürlich nicht bedeutet, dass auch alle Proteine Enzyme sind). Enzyme sind biologische Katalysatoren, die spezifische Reaktionen beschleunigen und vereinfachen. Jedes Enzym besitzt eine einzigartige Struktur und ein aktives Zentrum, an das sich Substrate binden können – stell dir einfach Pac-Man als Enzym mit einem speziell geformten Mund vor, der nur ein oder eine kleine Anzahl von Atomen aufnehmen kann. Enzyme sind hochspezifisch und reagieren auf nichts, das ihrem aktiven Zentrum nicht exakt in Form und Größe entspricht.

Enzyme lösen während des Verdauungsvorgangs die Bindungen zwischen Molekülen, sodass dein Körper diejenigen aufnehmen kann, die er braucht. Weiterhin wandeln sie toxische Substanzen in solche um, die ohne Risiko ausgeschieden werden können, und sind auch am Stoffwechsel beteiligt, indem sie Substanzen umwandeln, Elemente hinzufügen oder entfernen. Irgendwie lustig: Proteine bauen Proteine ab!

BALLASTSTOFFE

Ballaststoffe sind der unverdauliche Teil pflanzlicher Kost. Es gibt wasserlösliche Ballaststoffe, die enzymatisch im Darm abgebaut werden und probiotisch sind. Und es gibt wasserunlösliche Ballaststoffe, die entweder langsam verstoffwechselt werden oder enzymatisch im Darm abbaubar und probiotisch sind.

Ballaststoffe verändern die Darmaktivität und die Art und Weise, wie Nährstoffe aufgenommen werden. Es gibt drei Hauptmechanismen, wie Ballaststoffe wirken: Aufquellen, Viskosität und Vergären. Aufquellende Ballaststoffe binden Wasser während des

Verdauungsvorgangs, was das Stuhlvolumen erhöht und dir einen regelmäßigen Toilettengang beschert. Die Zunahme der Viskosität verdickt den Darminhalt derart, dass gewisse Nährstoffe wie Zucker oder Cholesterin nicht absorbiert werden. Stattdessen werden sie teilweise vergärt, gänzlich vergärt oder auch nicht vergärt. Fermentierbare Ballaststoffe werden von deinen Darmbakterien (deinen Mikrobiomen) im Dickdarm abgebaut, wodurch kurze Fettsäureketten als Stoffwechselnebenprodukte entstehen (mehr dazu gleich).

Unterschiedliche Ballaststoffe aus unterschiedlichen Quellen haben unterschiedliche Wirkungen, was bedeutet, dass zu einer guten Gesundheit eine gelungene Mischung gehört. Pflanzliche Kost besteht in der Regel sowohl aus wasserlöslichen als auch wasserunlöslichen Bestandteilen und wird danach kategorisiert, wovon sie mehr bietet. Wasserlösliche Ballaststoffe befinden sich in besonders hoher Konzentration in Hülsenfrüchten, Hafer, Roggen, Nüssen, einigen Obstsorten, Brokkoli, Möhren, Wurzelgemüse, Flohsamen und Leinsamen. Wasserunlösliche Ballaststoffe bieten vor allem Vollkornprodukte, Hülsenfrüchte, Nüsse, Samen und die Schalen diverser Obst- und Gemüsesorten.

Gemeinhin wird in unserer Gesellschaft zu wenig ballaststoffreich gegessen. Man sollte jeden Tag um die 30 g zu sich nehmen, um von all den Vorteilen profitieren zu können. – Oh, die habe ich dir noch gar nicht verraten, oder? Also gut …

Ballaststoffe erhöhen das Essensvolumen, ohne dabei die Anzahl der Kalorien nach oben schießen zu lassen (also bist du schneller satt und zufrieden), weiterhin wird der Darm später entleert, weswegen du dich länger satt fühlst. Sie helfen außerdem, Verstopfungen vorzubeugen oder zu beenden, unterstützen deine Darmflora und stimulieren die Fermentierung und die Produktion kurzkettiger Fettsäuren. Diese kurzkettigen Fettsäuren fördern die Stabilisierung des Blutzuckerlevels, regulieren die Glukoseaufnahme, liefern Nahrung für Darmzellen (vor allem die Fettsäure Butyrat), hemmen die Cholesterinbiosynthese durch die Leber, senken den LDL-Cholesterin- und -Triglycerid-Wert im Blutspiegel, verringern den pH-Wert des Darms (wodurch mehr Mineralien aufgenommen werden können) und stimulieren die Produktion diverser Immunzellen beziehungsweise ihrer Komponenten [3].

Die Krönung dieser tollen Vorteile ist, dass Ballaststoffe auch noch das Sterberisiko durch Herz-Kreislauf-Erkrankungen [4], jegliche Krebsarten [4], Infektionskrankheiten und Atemwegserkrankungen [5] senken. Es wird auch vermutet, dass sich bei ballast-stoffreicher Ernährung die Wahrscheinlichkeit verringert, an Typ-2-Diabetes zu erkranken [6]. Also: Immer schön ballaststoffreich essen!

An dieser Stelle soll jedoch nicht unerwähnt bleiben, dass eine ballaststoffreiche Ernährung auch Schattenseiten hat. Wenn du plötzlich besonders viele Ballaststoffe zu dir nimmst, kann es sein, dass du dich aufgedunsen fühlst und unter Blähungen leidest, während dein Darmmikrobiom sich an die Umstellung gewöhnt. Aber angesichts der zahlreichen Vorteile und der Tatsache, dass es in der westlichen Gesellschaft ein ernsthaftes Verstopfungsproblem gibt [7], würde ich behaupten, dass die Vorteile gegenüber den temporären Risiken überwiegen.

MIKRONÄHRSTOFFE: VITAMINE & MINERALIEN

Vitamine und Mineralien sind essenzielle Nährstoffe, die der Körper in kleinen Dosen braucht, von wenigen Milligramm bis hin zu einem einzigen Mikrogramm (µg oder ein Millionstel eines Gramms). Doch obschon die benötigten Mengen klein sind, leidet unsere Gesundheit ohne diese Vitamine und Mineralien beträchtlich. Die Mängel sind nicht unmittelbar erkennbar, manchmal dauert es Jahre, bis eindeutige Symptome offenkundig werden, manchmal aber auch nur wenige Wochen.

Es gibt zwei Sorten von Vitaminen: wasserlösliche und fettlösliche. Wasserlösliche Vitamine sind Vitamin C und die Vitamine der B-Gruppe. Sie lösen sich in Verbindung mit Wasser und werden nicht vom Körper eingelagert, weswegen wir sie jeden Tag über unsere Ernährung aufnehmen müssen. Fettlösliche Vitamine sind die Vitamine A, D, E und K. Sie werden in Fett gelöst, bevor sie in den Blutkreislauf geraten, und später in der Leber gespeichert, weswegen wir sie nicht täglich, aber doch regelmäßig aufnehmen müssen.

VITAMIN	ALTERNATIVE BEZEICHNUNG	FUNKTION	EMPFOHLENE TAGESDOSIS	NAHRUNGS- QUELLEN
A	Retinol / Carotinoide	Immunsystem, Sehvermögen, gesunde Haut	0,7 mg für Männer 0,6 mg für Frauen	Käse, Eier, Milch, Möhren, Süßkartoffeln, Spinat, Paprika
B_1	Thiamin	Nervensystem, Energie aus Nahrung gewinnen	1 mg für Männer 0,8 mg für Frauen	Erbsen, Obst, Eier, Vollkornprodukte
B_2	Riboflavin	Gesunde Haut, Augen und Nervensystem, Energie aus Nahrung gewinnen	1,3 mg für Männer 1,1 mg für Frauen	Milch, Eier, mit Nährstoffen angereicherte Frühstückscerealien, Reis
B_3	Niacin	Gesunde Haut und Nervensystem, Energie aus Nahrung gewinnen	16,5 mg für Männer 13,2 mg für Frauen	Fleisch, Fisch, Weizen, Eier, Milch
B_5	Panthothensäure	Energie aus Nahrung gewinnen, Kohlenhydrat-, Fett- und Proteinstoffwechsel	17 mg für Männer 13 mg für Frauen	Fast jedes Fleisch und Gemüse, Vollkornprodukte
B_6	Pyridoxin	Hämoglobinbildung, Energie aus Kohlenhydraten und Protein spalten und speichern	1,4 mg für Männer 1,2 mg für Frauen	Geflügel, Fisch, Vollkornprodukte, Eier, Gemüse, Soja
B_7	Biotin	Fettstoffwechsel, Zellwachstum	50 µg für Männer und Frauen	Grünes Blattgemüse, rohes Eigelb; wird auch vom Mikrobiom produziert
B_9	Folat, Folsäure	Zellwachstum, insbesondere die der roten Blutkörperchen	200 µg für Männer und Frauen; 400 µg für Frauen mit Kinderwunsch	Grünes Gemüse, Kichererbsen und andere Hülsenfrüchte, Orangen
B_{12}	Cobalamin	Zellwachstum (rote Blutkörperchen), Energie aus Nahrung gewinnen, gesundes Nervensystem	1,5 µg für Männer und Frauen	Fleisch, Fisch, Eier, Käse, Milch

VITAMIN	ALTERNATIVE BEZEICHNUNG	FUNKTION	EMPFOHLENE TAGESDOSIS	NAHRUNGS-QUELLEN
C	Ascorbinsäure	Unterstützung der Wundheilung, gesunde Haut, Blutgefäße, Knochen und Knorpel	40 g für Männer und Frauen	Orangen, Brokkoli, Beeren, Paprika
D		Gesunde Knochen, Zähne und Muskeln	10 µg für Männer und Frauen	Ölige Fische, Leber, Eigelb, mit Nährstoffen angereicherte Kost; durch Sonnenlicht in den Sommermonaten
E		Gesundes Immunsystem, Haut und Augen	4 mg für Männer 3 mg für Frauen	Pflanzenöle, Nüsse, Samen, Avocado
K		Wundheilung, gesunde Knochen	1 µg pro kg Körpergewicht am Tag	Grünes Blattgemüse, Pflanzenöle

Mineralien sind chemische Elemente, die unser Körper als essenzielle Nährstoffe benötigt. Sie sind nicht dasselbe wie Vitamine, da Vitamine komplexe chemische Strukturen aufweisen und Mineralien einzelne im Periodensystem verzeichnete Elemente sind. Im menschlichen Körper lassen sich fünf Hauptmineralien finden: Kalzium, Phosphor, Kalium, Natrium und Magnesium. Alle weiteren im Körper befindlichen Elemente werden als Spurenelemente bezeichnet. Besonders hervorzuheben sind dabei Eisen, Kupfer, Zink, Mangan, Jod und Selen.

MINERAL-STOFF	FUNKTION	EMPFOHLENE TAGESDOSIS	NAHRUNGSQUELLEN
Kalium	Reglementierung des Flüssigkeitshaushalts, Sendung elektrischer Signale innerhalb des Körpers	3500 mg für Männer und Frauen	Süßkartoffeln, Tomaten, Kartoffeln, Hülsenfrüchte, Milchprodukte, Fisch und Meeresfrüchte, Bananen, Hähnchen

MINERAL-STOFF	FUNKTION	EMPFOHLENE TAGESDOSIS	NAHRUNGSQUELLEN
Natrium	Reglementierung des Flüssigkeitshaushalts, Sendung elektrischer Signale innerhalb des Körpers	2400 mg für Männer und Frauen	Tafelsalz, Meeresalgen, Milch
Kalzium	Knochen- und Zahnaufbau, Regulierung von Muskel-kontraktionen	700 mg für Männer und Frauen	Milchprodukte, Blattgemüse, Soja, Nüsse, Fische, deren Knochen verzehrt werden können
Phosphor	Knochen- und Zahnaufbau, Energie aus Nahrung gewinnen	550 mg für Männer und Frauen	Fleisch, Milchprodukte, Fisch, Brot, brauner Reis, Hafer
Magnesium	Unterstützung der Funktion der Nebenschilddrüse, Energie aus Nahrung gewinnen	300 mg für Männer 270 mg für Frauen	Spinat, Hülsenfrüchte, Nüsse, Samen, Vollkornprodukte, Erdnuss-butter, Avocado
Eisen	Bildung roter Blutkörperchen	8,7 mg für Männer 14,8 mg für Frauen (8,7 mg nach der Menopause)	Fleisch, Bohnen, Nüsse, Blattgemüse
Zink	Bildung neuer Zellen, Enzymbildung, Wund-heilung, Kohlenhydrat-, Fett- und Proteinstoffwechsel	9,5 mg für Männer 7 mg pro Tag für Frauen	Fleisch, Krustentiere, Milchprodukte, Brot, Cerealien
Mangan	Bildung und Aktivierung von Enzymen	1,4 mg für Männer und Frauen	Getreide, Hülsenfrüchte, Samen, Nüsse, Blattgemüse, Tee, Kaffee
Kupfer	Bildung roter und weißer Blutkörperchen, gesundes Immunsystem	1,2 mg für Männer und Frauen	Krustentiere, Vollkornprodukte, Bohnen, Nüsse, Kartoffeln, Innereien
Iod	Schilddrüsenhormone	0,14 mg für Männer und Frauen	Fisch und Meeresfrüchte; abhängig von dem Boden, auf dem sie gewachsen sind, auch einige Pflanzen
Selen	Gesundes Immunsystem, Fortpflanzungsapparat, Antioxidationsmittel	0,075 mg für Männer 0,06 mg für Frauen	Paranüsse, Fisch, Fleisch, Eier

INDUSTRIELL VERARBEITETE LEBENSMITTEL

Die Gesundheitsbranche scheint eine klare Schwarz-Weiß-Botschaft zu senden: Gut gegen Böse beziehungsweise Naturkost gegen industriell verarbeitete Lebensmittel. Immer wieder wird uns gesagt, dass Fertiggerichte quasi die Wurzel allen Übels seien und unter allen Umständen vom Speiseplan gestrichen werden müssen, um das Gesundheitsmaximum zu erreichen. Das ist nicht nur unrealistisch (wer hat schon Zeit, jede einzelne Essenskomponente von der Pike auf selbst herzustellen?), sondern entbehrt auch der passenden wissenschaftlichen Grundlage.

Wenn du darüber nachdenkst, wirst du erkennen, dass eigentlich alles irgendwie verarbeitet ist. Kochen, Kleinschnibbeln und Einfrieren sind Formen von Verarbeitung. Jetzt rollst du wahrscheinlich mit den Augen und willst ein besseres Argument, das verstehe ich. Aber Nahrungsmittel zu verarbeiten ist wichtig. Dadurch wird der Bakteriengehalt unseres Essens verringert, wodurch es zu weniger Lebensmittelvergiftungen kommt. Außerdem sind viele Speisen dadurch günstiger geworden und kommen nun auch bei denen auf den Tisch, die sie sich sonst nicht leisten könnten.

Ja, dadurch sind auch Probleme entstanden, aber seien wir mal realistisch: Man kann die enormen Vorteile, die die Lebensmittelindustrie geschaffen hat, nicht einfach so von der Hand weisen.

Nur weil etwas in einer Fabrik hergestellt wurde, heißt das nicht, dass es automatisch schlecht für dich ist. Viele »Gesundheitsprodukte« stammen aus Fabriken – Raw Brownies genauso wie Nussbutter –, beinhalten einen oder weit mehr als zehn verschiedene Inhaltsstoffe, aber es sind eben solche Inhaltsstoffe, die mit darüber entscheiden, wie nährstoffreich etwas ist, und nicht, ob es zu Hause oder in der Fabrik hergestellt wurde. Du kannst auch daheim ein Gericht kochen, das mehr Fett, Zucker oder Salz beinhaltet als ein Supermarktprodukt – oder du kannst etwas herstellen, was weniger beinhaltet.

Den neutralen Begriff »industriell verarbeitete Lebensmittel« ausschließlich negativ zu gebrauchen lässt auch die Tatsache außen vor, dass viele großartige nährstoffreiche Lebensmittel ebenfalls verarbeitet sind. Tomaten und Bohnen aus der Dose, Eiweiß aus

»Richtiges Essen« ist ein Mythos.

der Flasche, gekochte Linsen im Tetrapack, Pesto im Glas … das sind alles wunderbare, bequeme und hochgradig nährstoffreiche Speisen. Ich streite nicht ab, dass es wohl nicht die beste Idee ist, irrsinnig viele Fertiggerichte zu essen, aber das heißt nicht, dass man industriell verarbeitete Lebensmittel grundsätzlich meiden muss. Stattdessen sollten wir uns um ein ausgeglichenes Verhältnis, moderaten Konsum und Vielfalt bemühen und Allgemeinurteile hinsichtlich Verbannung und Einschränkungen hinterfragen.

Ich habe schon mehrfach Aussagen von Wellness-Bloggern und Autoren von Gesundheitsbüchern gelesen, die in etwa so klangen: »Diese Lebensmittel sind so stark verarbeitet, dass dein Körper sie kaum noch erkennt.« Was glaubst du, wie dein Körper funktioniert? Glaubst du, dass du eine Mahlzeit zu dir nimmst und etwas in dir meint: »Oh, lecker, Avocado und Eier.« So funktioniert das nicht. Dein Körper erkennt Kohlenhydratketten, Fette, Proteine, Vitamine und Mineralien. Er erkennt Bindungen zwischen Molekülen, die er spalten muss. Er »weiß« nicht, woher sie kommen, und macht nur das, was er soll: Essen in Energie verwandeln. Wir sollten nicht verklären, wie unser Körper arbeitet.

Alles, was du isst und einatmest, besteht aus Chemikalien. Sauerstoff ist eine Chemikalie. Wasser ist eine Chemikalie. Vitamin C ist eine Chemikalie. Sogar etwas so Harmloses und Beliebtes wie Vitamin C kann schaurig klingen, wenn man es als »E 300« bezeichnet. Den Ausdruck »Chemikalien« als Beschreibung für etwas, das negativ und ungesund ist, zu verwenden zeugt von mangelndem Wissen und wirkt wie reine Panikmache.

PIXIE-TIPP
Du musst Lebensmittel nicht vom Speiseplan streichen, weil sie »verarbeitet« sind – in einigen Fällen sparst du viel Zeit und isst dabei trotzdem nährstoffreich.

Nur weil du etwas nicht richtig aussprechen kannst oder es nicht kennst, heißt das nicht, dass es dir schadet; deine Ernährung nach deinem Chemiewissen auszurichten ist ziemlich einschränkend und rückwärtsgewandt. Ich wette, du kannst »Zyanid« mühelos aussprechen, das heißt aber nicht, dass du es auch essen solltest. Und ich wette auch, dass du viele Antioxidantien und Enzyme, die natürlich in Pflanzen vorkommen, nicht aussprechen kannst (Bock auf Peroxiredoxin oder Phenylendiamin?), und dennoch kannst du sie bedenkenlos essen. Ein Teil der Bevölkerung fürchtet sich vor Formaldehyd, aber dein Körper stellt es permanent im Rahmen des Stoffwechsels her. Angst vor Essen zu haben oder – noch schlimmer – anderen Angst vor Essen zu machen ist extrem schädlich.

Künstlich heißt nicht automatisch schlecht, und natürlich heißt nicht automatisch gut. So einfach ist das nicht. Das ist nur ein weiteres Beispiel dafür, wie elitär die Gesundheitsindustrie ist und wie stark sie sich auf nostalgische Anleihen verlässt. Immer wieder wird der Ruf nach »der guten alten Zeit« laut, als noch alles von Hand gemacht wurde und wir »top gesund« waren. Nun, das stimmt nicht. Es gab eine extreme Kindersterblichkeit, eine hohe Rate an (vermeidbaren) ansteckenden Krankheiten, Hungertote während der Wintermonate, die durch den Mangel an frischen Produkten umkamen, und Frauen, die den ganzen Tag in der Küche stehen mussten, um ihre Familien zu versorgen. Wir verdanken der Wissenschaft einen enormen Nahrungsmittelvorrat, Lebensmittel mit längerer Haltbarkeitsdauer und entsprechend weniger Abfall. Außerdem können wir unsere Zeit auf unsere berufliche Entwicklung und unser Sozialleben verwenden (wenn wir das wollen), statt den ganzen Tag über in der Küche zu stehen und Essen einzuwecken, Soßen zu kochen und Gebäck herzustellen. Freu dich über die Wissenschaft und den Fortschritt. Sie sind der Grund, weshalb uns exotische und neue Produkte wie Quinoa und Proteinpulver angeboten werden und warum unsere Lebenserwartung höher ist als je zuvor.

»Richtiges Essen« ist ein Mythos. Bequemlichkeit, künstliche Produkte und alles, was nicht direkt vom Bauernhof kommt, zu verteufeln ist elitär und diskriminierend und kann außerdem Schaden verursachen. Menschen über Beschämungsmechanismen zu einem gesunden Essverhalten zu drängen ist nicht richtig und funktioniert genauso wenig wie die Stigmatisierung von Gewicht und der Versuch, andere durch das Evozieren von Schamgefühlen zum Abnehmen zu bewegen [8]. Andere für ihr Essverhalten zu verurteilen hat auch keinen Zweck. Wenn du siehst, wie eine unbekannte Person etwas zu sich nimmt, was du – aus welchem Grund auch immer – niemals essen würdest, darfst du nicht vergessen, dass du nichts über ihre soziale, finanzielle, emotionale oder körperliche Situation weißt. Es steht dir nicht zu, sie wegen ihrer Ernährung zu verurteilen. Was jemand isst oder nicht isst, ist seine persönliche Entscheidung, insbesondere, wenn er ein schwieriges Verhältnis zu seinem Körper oder zum Essen hatte. Und seien wir mal ehrlich, das sind nicht wenige Menschen. Vor allem in Großbritannien belegen Studien, dass viele Menschen, vor allem Frauen, ein gestörtes Körperbild haben [9]: Bis zu 90 % aller britischen Frauen leiden sogar unter einer angstähnlichen Körperbildstörung [10].

Unser Gebrauch von moralisierender Sprache in Bezug auf Essen muss sich ändern. Ernährung ist nicht schwarz oder weiß, es gibt kein »Gut« und »Schlecht«, kein »Verarbeitet« und »Nichtverarbeitet«, sondern nur ein breites Spektrum von Essen – manches ist nährstoffreicher als anderes, manches ist stärker verarbeitet als anderes. Die Behauptung, industriell verarbeitetes Essen sei schlecht und alles naturbelassene Essen gut, ist eine von vielen Mythen, die die Wellness-Industrie munter verbreitet. Lass uns noch ein paar weitere Behauptungen gemeinsam anschauen ...

> Ernährung ist nicht schwarz oder weiß, es gibt kein »Gut« und »Schlecht«, kein »Verarbeitet« und »Nichtverarbeitet«, sondern nur ein breites Spektrum.

Gluten

DER GLUTEN-MYTHOS

In einem seiner typischen Videos fragte der amerikanische
TV-Moderator Jimmy Kimmel Passanten, ob sie Gluten essen würden.
Viele verneinten. Dann fragte er: »Was ist Gluten?« Sie hatten
keine Ahnung! Ich finde es wirklich erstaunlich, dass Menschen
auf etwas verzichten, ohne genau zu wissen, was es ist.

Also, lass uns über Gluten sprechen.

WAS GENAU IST EIGENTLICH GLUTEN?

Gluten ist eine Proteingruppe, die sich hauptsächlich aus Gliadinen und Gluteninen zusammensetzt. Falls du unter einer Glutenunverträglichkeit leidest, triggert der Gliadin-Anteil des Glutenproteins eine Autoimmunreaktion, doch mehr dazu später. Bei dem Großteil der Bevölkerung, der nicht unter einer Glutenunverträglichkeit leidet, verarbeitet der Körper das Gluten genauso wie jedes andere Protein. Gluten steckt in Getreiden wie Weizen, Dinkel, Gerste und Roggen. Fertige Lebensmittel werden außerdem ab und an damit angereichert, um Konsistenz und Aroma zu verbessern und sie länger frisch schmecken zu lassen.

WAS MACHT GLUTEN?

Gluten ist eine Proteingruppe, die Teig elastischer werden lässt.

Gluten lässt Teig elastischer werden, unterstützt seine Festigkeit beim Backen und sorgt dafür, dass du ordentlich kauen musst. Wegen der bindenden Eigenschaft wird der Ausdruck Klebereiweiß als Synonym gebraucht. Glutenin bildet ein dichtes Netzwerk, in welches Gliadin eingelagert ist. So gewinnt der Teig an Struktur. Je mehr Gluten verarbeitet und gebildet wird, desto zäher wird die Konsistenz. Das Glutennetzwerk fängt außerdem Kohlenstoffdioxid auf, was das Aufgehen des Teiges ermöglicht. Aus diesem Grund schreiben einige Rezepte vor, den Teig für eine gewisse Dauer zu kneten. Brotteige weisen eine hohe Glutenfestigkeit auf, Keks- und Kuchenteige in der Regel eine weniger hohe.

Wenn du Weizenbrot mit glutenfreien Alternativen vergleichst, wird dir auffallen, dass die Weizengemische besser aufgegangen sind und dass die glutenfreien Varianten wenig elastisch und spröder sind [1]. Die Konsistenz ist ziemlich unterschiedlich. Ich glaube, ich habe nur ein einziges Mal ein glutenfreies Brot gegessen, das ich mochte. Und das war über und über mit Avocadoscheiben belegt, was den Vergleich mit normalem Brot hinken lässt. Brot ist fantastisch und Gluten macht Backen so viel einfacher. Warum solltest du also freiwillig darauf verzichten?

Ich liebe Brot. Für mich zählt es zu den großen Freuden im Leben. Dazu gehört das geradezu therapeutisch wirkende Kneten des Teiges genauso wie der hohle Klang, der entsteht, wenn man gegen die Unterseite klopft. Dann gibt es natürlich noch krosses Baguette, das man mit den bloßen Händen auseinanderreißt, weiches Ciabatta, das sich wie ein Kissen in den Händen anfühlt, oder den wundervollen Geruch von Sauerteig ... und dann erst der Geschmack! Der Kontrast zwischen der knusprigen Kruste, die an den Zähnen knackt, und dem weichen, luftigen Inneren. Die zahlreichen Geschmacksvarianten, die man allein durch verschiedene Mehle oder die Hinzugabe von Zucker oder Butter schaffen kann. Und am besten fange ich gar nicht erst an, über Knoblauchbrot zu reden ... Brot ist einfach die perfekte Ausgangsbasis für jede Tagesmahlzeit: mit Ei und Avocado belegt zum Frühstück, als Sandwich und Ummantelung für die unterschiedlichsten Texturen und Aromen zum Mittagessen oder als Beilage zu Schakschuka oder Suppe zum Abendbrot. Kein Nahrungsmittel verkörpert die Vorstellung von Geborgenheit so gut wie Brot.

Zeig mir jemanden, der keine wunderbaren Brot-Erinnerungen hat, und ich zeige dir jemanden, der nie richtig gelebt hat! Brot ist eine Umarmung in Essensform. Brot ist Glückseligkeit. Ich würde niemals ohne Brot leben wollen.

Die Geschichte der Menschheit ist eng an die Geschichte des Brotes geknüpft. Die meisten Kulturen kennen Brot als einen elementaren Bestandteil der Ernährung. Da spielt selbstverständlich auch hinein, dass es schön günstig und eine tolle Energie- (und Kalorien-)quelle ist.

Kein Nahrungsmittel verkörpert die Vorstellung von Geborgenheit so gut wie Brot.

In den letzten Jahren hat sich eine wachsende Anzahl von Menschen aus den verschiedensten Gründen für eine glutenfreie Ernährung entschieden. Erstens meidet eine Gruppe von Wellness-Bloggern Gluten »aus gesundheitlichen Gründen«. Diese Menschen behaupten auch, Gluten sei unglaublich schlecht für uns, und verspritzen ernährungswissenschaftlichen Bullshit wie »Gluten ist wie Sandpapier für den Darm«. Das und der Vormarsch der Paleo-Aktivisten hat vermutlich zu der Anzahl der Leute, die sich glutenfrei ernähren, beigetragen. Zweitens hat sich Gluten zu einem bequemen Sündenbock für allerlei unspezifische Symptome entwickelt, wodurch es zu einer sozial akzeptierten Form selbstauferlegter Beschränkung und zur strengen Diät wurde. Drittens gibt es eine erhöhte Sensibilisierung und bessere Diagnose für Glutenunverträglichkeiten. Ich werde mich im Folgenden vor allem auf die ersten beiden Aspekte konzentrieren.

Aber lass uns zuerst kurz über Glutenunverträglichkeit sprechen. Ich glaube, es ist wichtig zu verstehen, wie ernst dieses Leiden ist und wie stark es sich von jemandem unterscheidet, der spontan entscheidet, »aus gesundheitlichen Gründen« auf Gluten zu verzichten.

# GLUTENUNVERTRÄGLICHKEIT UND WEIZENALLERGIE: LEGITIME GRÜNDE, AUF GLUTEN ZU VERZICHTEN

Glutenunverträglichkeit (Zöliakie) ist eine Autoimmunerkrankung, bei der das Immunsystem einen Bestandteil des Glutenproteins als gefährdend fehlidentifiziert und angreift. Dadurch wird eine entzündliche Reaktion im Dünndarm hervorgerufen, die zu Schädigungen in der Darmschleimhaut führen kann, was die Nährstoffaufnahme empfindlich stört. Die sogenannte Malabsorption zählt neben Durchfall, Bauchschmerzen, Blähungen, Verdauungsstörungen, Verstopfung und Erschöpfungszuständen (da Malabsorption zu Anämie führt) sowie Gewichtsverlust (daran ist wieder die Malabsorption und mangelnde Aufnahme von Nährstoffen schuld) zu den häufigsten Symptomen der Glutenunverträglichkeit.

Schlussendlich ist der einzig gangbare Umgang mit der Erkrankung, Gluten komplett vom Speiseplan zu verbannen. Derzeit ist etwa 1% aller Briten von Zöliakie betroffen, die Dunkelziffer liegt jedoch vermutlich deutlich höher aufgrund zu selten getroffener Diagnosen [2]. Wichtig: Zöliakie kann nur diagnostiziert werden, wenn eine Person während des Tests Gluten zu sich nimmt.

Eine Weizenallergie hingegen ist eine allergische Reaktion auf Weizenproteine, ausgelöst durch Kontakt oder Konsum. Mehr als zwanzig verschiedene Ursachen wurden identifiziert, Gluten ist also nicht zwangsläufig verantwortlich. Normalerweise ist der Auslöser sehr spezifisch. Zu den Symptomen zählen Hautausschläge, Nesselsucht, Bauchschmerzen, Übelkeit und Erbrechen. Besserung versprechen Weizenverzicht und in einigen Fällen auch der Verzicht auf alle glutenhaltigen Körner (abhängig vom Protein, das die Allergie triggert).

Falls du vermutest, unter Zöliakie oder einer Weizenallergie zu leiden, solltest du das unbedingt durch eine professionelle ärztliche Untersuchung absichern lassen. Bitte keine Selbstdiagnosen!

So, genug zu den Unverträglichkeiten. Lass uns jetzt über die spannende und reichlich vage nicht-zöliakische Glutensensitivität (engl. *Non-Celiac Gluten Sensitivity* = NCGS) sprechen.

NICHT-ZÖLIAKISCHE GLUTEN-UNVERTRÄGLICHKEIT (NCGS)

2011 wurde NCGS als »nicht allergische und nicht autoimmune Erkrankung« definiert, bei der der Verzehr von Gluten zu ähnlichen Symptomen wie die einer Glutenunverträglichkeit führen kann [3]. Glutenunverträglichkeit ist eine allgemein anerkannte Krankheit. NCGS wird hingegen noch immer kontrovers diskutiert, manche bezweifeln gar, ob es sie wirklich gibt.

Diejenigen, die sich selbst mit NCGS diagnostiziert haben, erleben zum Teil den Noceboeffekt. Dieser ähnelt dem Placeboeffekt, wirkt jedoch auf negative statt auf positive

Folgen hin. Es kann also passieren, dass jemand in einem Blog liest, Gluten sei Teufelszeug. Also erwartet die Person allerhand negative Symptome, und wenn er oder sie das nächste Mal Gluten zu sich nimmt, tauchen sie auch auf. Die Psyche kann in dieser Hinsicht eine große Rolle spielen. Abgesehen vom Noceboeffekt leiden einige auch am Reizdarmsyndrom (nicht vergessen: viele Lebensmittel können das RDS triggern), nicht diagnostizierter Zöliakie oder einer Nahrungsmittelunverträglichkeit gegenüber Lebensmitteln, die zufälligerweise auch vom Speiseplan gestrichen wurden. Andere sind vielleicht Hypochonder (sorry!), und einige wenige leiden vielleicht tatsächlich an NCGS (etwa 3 % der Bevölkerung). NCGS kann also einer Zöliakie ähneln, weist jedoch keine Autoimmunreaktion auf. Oder sie bringt ähnlich wie RDS Darmprobleme oder ähnliche Symptome wie Nahrungsmittelunverträglichkeiten mit sich. Doch das bedeutet, dass es mehrere Ursachen geben kann, was klassische Diagnosekriterien und -methoden irritiert. Häufige Selbstdiagnosen und -behandlungen sind der Situation auch nicht gerade förderlich. Dieses Durcheinander hat Wissenschaftler dazu gebracht, zahlreiche Begriffe zur Beschreibung vorzuschlagen, wie zum Beispiel Nicht-Zöliakie-Weizen-Sensitivität, Weizen-Protein-Sensitivität oder auch Nicht-Zöliakie-Gluten-Sensitivität.

Man kann nicht einfach annehmen, dass Gluten das Problem ist, nur weil man sich glutenfrei ernährt und feststellt, dass sich die Symptome verbessern. Du fragst dich vielleicht, warum das so ist? Nun ja, Gluten steckt in ziemlich vielen Zutaten und Lebensmitteln, und etwas so Grundsätzliches wie sämtliche glutenhaltige Körner vom Speiseplan zu streichen ist eine ziemlich krasse Ernährungsumstellung. Es gibt außerdem eine große Auswahl an Alternativen, durch die man glutenhaltiges Essen ersetzen kann, und all diese Alternativen könnten eine Rolle spielen. Es gibt schlichtweg zu viel Neues, um mit Sicherheit sagen zu können, dass Gluten das Problem ist. Was ist mit den anderen Nährstoffen, die auch in glutenhaltigem Essen zu finden sind? Was passiert, wenn man mehr oder weniger Makronährstoffe zu sich nimmt? Was ist, wenn jemand glutenhaltige Lebensmittel durch Berge von Obst und Gemüse ersetzt? Es gibt so viele Variablen! Jede einzelne könnte Änderungen hervorrufen. Man kann nicht so einfach behaupten, dass Gluten das Problem ist. Und doch wurde es zu einem bequemen Sündenbock, dem die Leute gerne die Schuld zuschieben. Ich will jetzt nicht herablassend klingen – es ist leicht zu erkennen, wie diese simple Schlussfolgerung gezogen werden kann –, aber erst

PIXIE-TIPP
Wenn du befürchtest, ein Problem mit Gluten zu haben, iss erst einmal langsamer und schluck öfter, bevor du gänzlich darauf verzichtest.

wenn man sich eingehend mit der Materie auseinandersetzt und sie mit kritischem Sachverstand betrachtet, erkennt man all die anderen Faktoren, die mit hineinspielen können. Man darf außerdem nie vergessen, wie oft jemand, der sich über Verdauungsbeschwerden auslässt, von einem Freund gesagt bekommt: »Oh, das könnte am Gluten liegen! Ich ernähre mich glutenfrei, und seitdem geht's mir schon viel besser. Versuch's doch auch mal.« Und so fängt der andere auch an, sich mit einer vorgefassten Vorstellung anders zu ernähren, und schreibt alle positiven Folgen automatisch dem Glutenverzicht zu, weil die Psyche eben darauf eingestellt ist. Schon seltsam, wie unser Verstand funktioniert.

Bevor eine Gluten-Sensitivität diagnostiziert wird, sollten Zöliakie und andere organische Erkrankungen ausgeschlossen werden. Und das ist wesentlich komplexer, als einfach auf Gluten zu verzichten und mal zu schauen, was dann passiert. Stattdessen ist eine individuelle, evidenzbasierte Vorgehensweise vonnöten, die sich mit der Ernährung sowie dem Lebenswandel der betroffenen Person auseinandersetzt, eventuelle Trigger identifiziert und idealerweise doppelblind durchgeführt wird, um Voreingenommenheit zu verhindern. Wenn jemand sich aufgebläht fühlt, nachdem er beispielsweise einen großen Teller Pasta verdrückt hat, muss nicht zwangsläufig die Pasta das Problem sein. Oft hat die Person einfach zu viel gegessen, zu schnell gegessen oder nicht gründlich genug gekaut.

Wir können nicht mit absoluter Sicherheit sagen, ob es NCGS tatsächlich gibt. Aber zu behaupten, dass es nicht existiert, hilft den Menschen mit unbestimmten Symptomen nicht weiter und führt auch nicht dazu, dass sie sich besser fühlen.

Eine gute Methode, um mehr herauszufinden, ist die Doppelblindprovokation. Das wurde schon öfter versucht: Selbstdiagnostizierte NCGS-Patienten erhielten abwechselnd glutenhaltige Kost und ein Placebo. Viele reagierten nicht auf das Gluten, was vermuten lässt, dass das Problem woanders liegt und nur angenommen wurde, Gluten sei schuld [4]. Aber manche reagierten dennoch auf eine FODMAP-arme Ernährung, bei der die größten Glutenquellen, wie beispielsweise Weizen, eine Rolle spielen.

Jetzt fragst du dich wahrscheinlich, was FODMAP sein soll. FODMAP steht für »fermentable oligo-, di- and monosaccharides and polyols«, also in etwa »fermentierbare Oligo-, Di- und Monosaccharide sowie Polyole« (Mehrfach-, Zweifach- und Einfachzucker sowie mehrwertige Alkohole). Das sind schlecht absorbierbare, kurzkettige Kohlenhydrate, die in einer ganzen Reihe von Lebensmitteln enthalten sind, wie zum Beispiel Zwiebeln, Knoblauch, Feigen und allerlei Bohnensorten. Eine FODMAP-arme Ernährung zeigt bei etwa 70–75 % der RDS-Patienten tolle Ergebnisse [5], aber da sie extrem einschränkend ist, sollte sie nur in Begleitung eines Ernährungsberaters und auch nur vorübergehend durchgeführt werden. Normalerweise wird die Diät auf sechs Wochen angesetzt, eng begleitet, und falls danach die Symptome verschwinden, werden einzelne Lebensmittel systematisch wieder auf den Speiseplan gesetzt in dem Bemühen, möglichst große Vielfalt zu erhalten (ohne dass sich der Zustand wieder verschlechtert).

Ich möchte nicht, dass FODMAP-Diäten jetzt zum neuen Abnehmwahn werden, also kommt hier noch ein kleines Abschreckmittel: Eine FODMAP-arme Ernährung reduziert die Menge an Darmbakterien, wohingegen eine FODMAP-reiche Ernährung das Wachstum wichtiger Bakterien fördert [5]. Ich kann gar nicht genug betonen, wie wichtig das ist. Deine Darmbakterien sind entscheidend für dein Wohlbefinden, und Studien weisen darauf hin, dass ein vielfältiges Darmmikrobiom die Grundlage für einen gesunden Darm ist.

Weniger als 5 % der Bevölkerung haben tatsächlich ein Gluten-Problem, und doch verzichten laut Umfragen der BBC mehr als 8,5 Millionen Menschen in Großbritannien darauf. Das bedeutet, dass eine enorm große Anzahl an Leuten grundlos auf Gluten verzichtet.

Eine glutenfreie Diät ist nicht zwangsläufig gesünder als eine glutenhaltige Ernährung.

WIE GESUND IST EINE GLUTENFREIE ERNÄHRUNG?

Glutenfreie Produkte liegen schwer im Trend. Das hat zweifelsohne das Leben derjenigen verbessert, die an Zöliakie leiden und nun mehr Alternativen denn je zur Verfügung haben. Doch neben denjenigen, die tatsächlich an Allergien, einer Glutenunverträglichkeit und RDS leiden, verzichten auch zahlreiche Menschen auf Gluten, weil sie diverse unkonkrete Symptome, wie zum Beispiel »Brain Fog« (dazu zählen unter anderem Vergesslichkeit, Konzentrationsstörungen und Müdigkeit), kurieren wollen oder schlicht, weil ihnen vermittelt wurde, dass dies gesünder sei. Aber ist eine glutenfreie Ernährung gesünder? Nicht zwangsläufig.

Glutenfreie Alternativen weisen oft einen hohen Anteil an zusätzlichen Zutaten auf, die das fehlende Gluten kompensieren und eine ähnliche Beschaffenheit sowie ein vergleichbares Mundgefühl nachahmen sollen. Das bedeutet, dass diese Alternativen oft einen höheren Zucker- und Fettanteil aufweisen. Eine glutenfreie Ernährung, ob nun kurz- oder langfristig, ist nachweislich ärmer an Kalzium, Eisen, Folsäure, Thiamin, Niacin, Vitamin B_{12} sowie Ballaststoffen [6, 7, 8]. Man sollte jedoch nicht unerwähnt lassen, dass glutenfreie Getreide wie Amaranth, Quinoa und Buchweizen sehr nährstoffreich sind und tolle Alternativen zu glutenhaltigen Getreiden darstellen [9].

Glutenhaltige Getreide wie Weizen oder Gerste sind reich an Ballaststoffen. Das ist interessant, weil Ballaststoffe deine Darmbakterien beeinflussen. Glutenfreie Diäten konnten mit einer Verminderung der Darmbakterien in Verbindung gebracht werden, was die Immunfunktion dieser Darmbakterien beeinflussen kann [10].

Nicht nur der Gesundheitsaspekt ist zu bedenken, sondern auch der Kostenfaktor. In Großbritannien sind glutenfreie Alternativen nicht überall verfügbar und außerdem weitaus teurer als die traditionellen Varianten [11]. Die Leute, die sich freiwillig glutenfrei ernähren, sind mit großer Wahrscheinlichkeit Menschen, denen zusätzliche Kosten nichts ausmachen. Der Anti-Gluten-Trend ist ein klassisches Beispiel dafür, wie elitär die Gesundheitsindustrie ist: Je teurer etwas ist, desto begehrenswerter wirkt es, da es soziale Unterschiede deutlich macht und zeigt, dass man es sich leisten kann, wahlweise das kostspieligere Produkt zu kaufen. Dieses Phänomen wird dir noch mehrfach in diesem Buch begegnen und ist einer der Hauptgründe, warum ich kein Fan der Gesundheitsindustrie bin (wie schon der Buchtitel dezent andeutet).

Abgesehen davon sollte man auch die sozialen Auswirkungen einer glutenfreien Ernährung bedenken. Jede unter Zöliakie leidende Person, der ich bis dato begegnet bin, hat sich über den Mangel an Auswahlmöglichkeiten in Restaurants und die Unannehmlichkeiten, bei Essenseinladungen oder Events Sonderwünsche anzumelden, beklagt. Diese Betroffenen können nicht nachvollziehen, warum jemand das freiwillig auf sich nimmt, und ich verstehe ihre Verwunderung.

Übrigens halte ich es für reichlich widersprüchlich, dass eine angeblich »von natürlichen Produkten besessene« Industrie so etwas Natürliches wie Gluten verteufelt. Möglicherweise konsumieren wir alle mehr Gluten, als wir gemeinhin annehmen, da insbesondere abgepackte Lebensmittel oft Zusätze enthalten, die ihre Elastizität und Konsistenz verbessern sollen. Diese Zusätze werden nicht auf der Verpackung angegeben. Genmodifizierungen haben unseren Glutenkonsum jedoch nicht in die Höhe schießen lassen: Es stimmt, dass Weizen so gezüchtet wurde, dass er kürzer und widerstandsfähiger ist und höhere Rendite einbringt (zweifelsohne gute Eigenschaften, oder?), aber dadurch wurde er nicht »glutenreicher«. Und wenn du Brot isst, das natürlich aufgehen durfte, ist die Wahrscheinlichkeit deutlich geringer, dass Gluten hinzugefügt wurde.

Der Schlüssel zu einem gesunden Darm und somit zu einem allgemein gesunden Körper ist eine abwechslungsreiche Ernährung mit einer bunten Mischung an Lebensmitteln. Warum sollten das nicht auch Getreide und Gluten sein? (Es sei denn, du leidest an einer Unverträglichkeit. Dann verzichte lieber darauf.) Das vereinfacht dein Sozialleben, macht dich glücklicher (Kohlenhydrate machen glücklich!) und bedeutet, dass du all die tollen glutenhaltigen und glutenfreien Rezepte in diesem Kapitel testen kannst. Ob ein Getreide verwendet wurde oder nicht, habe ich rein nach Geschmack, Konsistenz und Bequemlichkeit entschieden und nicht danach, ob es Gluten enthält oder nicht.

Der Schlüssel zu einem gesunden Darm und somit zu einem allgemein gesunden Körper ist eine abwechslungsreiche Ernährung.

Der Anti-Gluten-Trend ist ein klassisches Beispiel dafür, wie elitär die Gesundheitsindustrie ist: Je teurer etwas ist, desto begehrenswerter wirkt es, da es soziale Unterschiede deutlich macht und zeigt, dass man es sich leisten kann, wahlweise das kostspieligere Produkt zu kaufen.

SCHWARZER REIS MIT BUTTERNUSSKÜRBIS UND MANGOLD

4 – 6 PERSONEN

- 250 g schwarzer Reis
- 1 EL Sojasoße
- Saft einer halben Zitrone
- 400 g Butternusskürbis, geschält und gewürfelt
- Olivenöl
- Salz und Pfeffer
- 150 g Blattmangold
- 1 rote Paprika, gewürfelt
- Frische Korianderblätter zum Anrichten

Reis ist von Natur aus glutenfrei und super lecker. Schwarzer Reis wirkt sich außerdem nur minimal auf das Blutzuckerlevel aus. Falls du also Probleme mit Getreide hast, könntest du es einmal damit versuchen. Ich persönlich finde ganz einfach die Farbe toll!

Den Ofen auf 220 °C Ober-/Unterhitze (200 °C Umluft) vorheizen.

Den Reis gemäß Packungsanleitung in kochendem Wasser mit Sojasoße und Zitronensaft kochen. Eine Minute eher als angegeben absieden.

Gewürfelten Butternusskürbis auf einem Backblech verteilen, mit Olivenöl beträufeln und mit Salz und Pfeffer würzen. Circa 30 Minuten im Ofen garen, bis der Kürbis weich ist.

Sobald der Reis fertig ist, überschüssiges Wasser abgießen und Blattmangold hinzufügen. Anschließend 5 Minuten bei geschlossenem Deckel garen lassen.

Butternusskürbis und rote Paprika zugeben, umrühren und nach Geschmack würzen.

In einer großen Schüssel servieren und mit frischem Koriander garnieren.

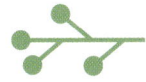

TIPP Falls du Fleisch isst, schmeckt dir das Rezept bestimmt auch gut mit Hähnchen.

FRÜCKSTÜCK IM SCHLAFROCK

1 HUNGRIGE PERSON

- 1 kleiner Sauerteigbrotlaib
- 20 g Blattspinat
- 80 g Tomaten,
  in Scheiben geschnitten
- 50 g weiße oder braune
  Champignons
- 1 mittelgroßes Ei, getrennt
- Salz und Pfeffer
- 50 g geriebener Cheddarkäse

Ich liebe Wortspiele! Während der Rezeptentwicklung habe ich etwas Ähnliches in einem viralen Video gesehen und wusste direkt, dass ich mich auch daran versuchen muss. Ich finde Brot einfach toll. Um nichts davon zu verschwenden, kannst du den Innenteil in knackige Croûtons verwandeln!

Den Ofen auf 200 °C Ober-/Unterhitze (180 °C Umluft) vorheizen.
Den oberen Teil des Brotes abschneiden, dann den Laib aushöhlen.

Die Spinatblätter unten im Brot platzieren, Tomatenscheiben und Pilze obenauf legen.

Das Eiweiß mit ein wenig Salz und Pfeffer mischen und in das Brot gießen. Mit geriebenem Käse bedecken und für 30 Minuten im Ofen backen lassen.

Dann vorsichtig das Eigelb auf das Brot geben und weitere 2 Minuten backen lassen.

Vierteln und servieren.

COUSCOUS-SALAT

6–9 PERSONEN

- 200 g Couscous
- ½ Gemüsebrühwürfel
- ½ Zitrone, abgerieben und gepresst
- 2 EL Olivenöl
- 200 g Feta, gewürfelt
- 150 g Gurke, gewürfelt
- 1 gelbe oder orangefarbene Paprika, gewürfelt
- 150 g Tomaten, gewürfelt
- 400 g Kichererbsen aus der Dose
- 100 g Granatapfelkerne
- Eine große Handvoll frische Kräuter (versuch, so viele aufzutreiben wie nur möglich: Basilikum, glatte Petersilie, Schnittlauch, Oregano, Minze, Thymian, Salbei)
- Salz und Pfeffer
- Zitronenschnitze zum Garnieren

Man sieht nicht viele Wellness-Blogger, die Couscous essen … Vielleicht, weil er nicht glutenfrei ist? Couscous wird aus Weizen hergestellt, also steckt entsprechend viel Gluten darin. Aber er zählt zu den Getreidesorten, die sich am einfachsten und schnellsten zubereiten lassen – hier wird buchstäblich nur mit heißem Wasser gekocht.

Den Couscous gleichmäßig in einer großen Schale verteilen.

Anschließend 300 ml kochendes Wasser mit dem Gemüsebrühwürfel, dem Zitronenabrieb und dem Olivenöl mischen. Über den Couscous gießen und 10 Minuten ziehen lassen.

Dann den Couscous mit einer Gabel auflockern.

Feta, Gurke, Paprika, Tomate, Kichererbsen, Granatapfelkerne und Kräuter unterheben. Nach Belieben mit Salz und Pfeffer würzen. Gründlich umrühren und mit Zitronenschnitzen servieren.

 **TIPP** Du kannst die Reste am nächsten Tag mit ein wenig heißer Brühe aufpeppen.

HASELNUSS-CRANBERRY-MÜSLI

4–6 PERSONEN

- 150 g Haferflocken
  (oder andere Flocken)
- 30 g gemahlener Leinsamen
- 50 g gehackte Haselnüsse
- 50 g ganze Haselnüsse
- 3 EL Olivenöl
- 4 EL Ahorn- oder Reissirup
  (Ahornsirup ist süßer)
- 100 g getrocknete Cranberrys
- Joghurt und frisches Obst zum
  Anrichten

Hafer zählt zu den wenigen Getreidesorten, die von so ziemlich allen in der Gesundheitsindustrie – vom Wellness-Blogger bis hin zum Möchtegern-Ernährungswissenschaftler – für gut befunden werden. Inzwischen gibt es schon »Overnight Oats«, »Zoats« (Porridge mit geriebener Zucchini) und »Proats« (Porridge mit extra viel Protein). Nach diesen vielen Porridge-Trends hatte ich nicht das Verlangen, auch noch ein Rezept beizusteuern. Porridge ist eh kinderleicht gemacht. Daher folgt nun ein Müsli-Rezept.

Den Ofen auf 170 °C Ober-/Unterhitze (150 °C Umluft) vorheizen. Haferflocken, Leinsamen, gehackte und ganze Haselnüsse in einer Schüssel mischen.

Olivenöl und Sirup hinzugeben und so lange rühren, bis alles gut miteinander vermischt ist.

Das Ganze gleichmäßig auf einem Backblech verteilen und anschließend für 15 Minuten im Ofen backen. Dann sollte es schön knusprig sein. Falls nicht, noch einmal 5–10 Minuten nachbacken.

Cranberrys hinzugeben und vorsichtig umrühren. Weitere 5 Minuten backen.

Leicht abkühlen lassen und anschließend noch warm zu kleinen Haufen formen.

In einem luftdichten Gefäß aufbewahren und mit Joghurt und frischem Obst zum Frühstück genießen.

TRICOLORE PESTO PENNE

4 PERSONEN

- 250 g Penne
  (gekocht circa 600 g)
- 95 g Basilikum-Pesto
- 150 g Pflaumentomaten,
  halbiert
- 1 große Avocado, gewürfelt
- 150 g Mini-Mozzarella-Kugeln
- 1 EL frisches Basilikum, gehackt

Pasta ist ein tolles, schnelles und unkompliziertes Mittag- oder Abendessen, und dieses Rezept ist im Handumdrehen zubereitet. Du musst nicht einmal das Pesto selbst machen, es sei denn, du hast darauf Lust. Und du darfst normale, Vollkorn- oder glutenfreie Nudeln nehmen — von mir aus geht alles klar. Du solltest nur darauf achten, die Pasta eine Minute eher als angegeben abzugießen, damit sie schön al dente und nicht verkocht ist!

Einen großen Topf voll gesalzenem Wasser zum Kochen bringen.

Penne zugeben und für 10 Minuten kochen (bzw. eine Minute kürzer als auf der Packung angegeben).

Nach dem Kochen Wasser abgießen und Nudeln mit Pesto mischen.

Tomaten, Avocadowürfel, Mozzarellabällchen und gehacktes Basilikum hinzugeben und gründlich mischen.

Sofort servieren.

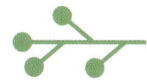

TIPP Schmeckt auch kalt als Salat! Du kannst übriggebliebene Reste ganz einfach mit ein bisschen zusätzlichem Pesto oder Olivenöl aufpeppen.

DREIERLEI SANDWICHES

Käse-Sandwich

- ½ mittelgroße Avocado, mit der Gabel zerdrückt
- Salz und Pfeffer
- 3 Scheiben reifer Cheddarkäse
- ½ rote Paprika
- Eine kleine Handvoll Salatblätter

Joghurt-Auberginen-Sandwich

- ½ kleine Aubergine, in Scheiben geschnitten
- Olivenöl
- Salz und Pfeffer
- 80 g Joghurt
- 1 TL Schnittlauch
- 4–6 Gurkenscheiben
- Kresse zum Bestreuen

Räuchertofu-Hummus-Sandwich

- 40 g Hummus
- 50 g geräucherter Tofu, in Scheiben geschnitten
- 1 kleine Möhre, geraspelt
- Eine kleine Handvoll Spinatblätter

Unsere moderne Lifestyle-Kultur hat nichts gegen ein Avocado-Brot einzuwenden, aber fügt man eine zweite Brotscheibe hinzu, wird plötzlich etwas Verbotenes daraus: ein Sandwich! Sandwiches sind viel zu »Mainstream« für die Wellnessindustrie. Dabei gibt es wirklich nichts, vor dem man sich fürchten müsste. Ein Sandwich kann eine großartige, nahrhafte Mahlzeit sein. Hier findest du drei Beispiele für leckere Füllungen.

Käse-Sandwich

Die Avocado mit Salz und Pfeffer würzen, dann drei Viertel der Masse auf eine Brotscheibe streichen. Den Rest auf der zweiten Brotscheibe verteilen. Die Käsescheiben auf die größere Menge Avocado legen, anschließend Paprika und Salatblätter obenauf legen und schlussendlich die zweite Brotscheibe ergänzen.

Joghurt-Auberginen-Sandwich

Die Auberginenscheiben mit Olivenöl besprenkeln und mit Salz und Pfeffer würzen. Dann in einer Pfanne braten, bis die Scheiben schön weich sind. Joghurt und Schnittlauch mischen und mit Salz und Pfeffer würzen. Zwei Sandwichscheiben mit dem Joghurt-Schnittlauch-Dip bestreichen. Aubergine auf einer Scheibe verteilen, anschließend Gurkenscheiben obenauf legen und mit Kresse garnieren. Dann zweite Brotscheibe ergänzen.

Räuchertofu-Hummus-Sandwich

Zwei Brotscheiben mit Hummus bestreichen. Tofu auf eine Scheibe legen, anschließend Möhre und Spinatblätter obenauf platzieren. Dann zweite Brotscheibe ergänzen.

PIXIES SAUERTEIGBROT FÜR ANFÄNGER

ERGIBT 1 BROTLAIB

Für den Sauerteig (Backtriebmittel)
- 20 g Sauerteig-Starter
- 220 g Mehl Typ 1050

Für den Laib
- 350 g Sauerteig
- 100 g Vollkornmehl
- 220 g Mehl Typ 1050
- 9 g Salz

Du brauchst außerdem:
- Einen Teigschaber
- Einen Gärkorb oder eine große Schale
- Einen Schmortopf oder zwei Backbleche
- Viel Geduld: Das Rezept braucht zwei Tage zur Umsetzung!

Ich kann es gar nicht oft genug sagen: ICH LIEBE BROT, und ich glaube, dass Backen eine therapeutische Wirkung hat. Sauerteig zu machen habe ich im *E5 Bakehouse* in London gelernt, und dorthin kehre ich auch immer wieder zurück, wenn ich mal wieder den Sauerteig-Starter vermasselt habe (was öfter vorkommt, als ich zugeben möchte). Wenn du noch keine Erfahrung mit Sauerteig hast, solltest du mit einem Rezept wie diesem hier beginnen, das sich auf weißes Mehl konzentriert und einfacher umzusetzen ist.

Um den Sauerteig anzusetzen, Sauerteig-Starter und 170 ml lauwarmes Wasser mischen. Anschließend das Mehl hinzufügen und mit den Händen zu einem glatten Teig verarbeiten (siehe Abbildung 1). Anschließend die Teigschüssel mit einem Geschirrtuch abdecken und je nach Temperatur für 8–24 Stunden ruhen lassen: 8 Stunden an einem warmen Sommertag, 24 Stunden an einem kalten Wintertag. Idealerweise sollte der Teig unter der Oberfläche klebrig und löchrig sein.

Für den Laib, 350 g des am Vortag angesetzten Sauerteigs mit 210 ml Wasser vermengen. Teiggemisch dabei zwischen den Fingern zerreiben und vorsichtig mit dem Wasser vermengen, bis eine glatte Masse entsteht (siehe Abbildung 2).

Vollkornmehl und Weißmehl hinzufügen und zu einer glatten Masse verarbeiten. Der Teig darf zu diesem Zeitpunkt ruhig noch klebrig sein (siehe Abbildung 3). 20 Minuten ruhen lassen.

Anschließend den Teig auf einer mit Mehl bestäubten Arbeitsfläche platzieren. In der Mitte eine Kuhle formen und Salz einstreuen. Dann die äußeren Ränder des Teiges nach innen Richtung Salz klappen und den Teig gründlich

FORTSETZUNG
PIXIES SAUERTEIGBROT FÜR ANFÄNGER

kneten, um das Salz zu verteilen. Nun den Teig in die Schüssel zurücklegen und 30 Minuten ruhen lassen. Er sollte dann kugelförmig aussehen wie auf Abbildung 4.

Teig anschließend dehnen und falten (siehe Abbildung 5 und 6), ohne die Oberfläche dabei zu beschädigen. So entsteht ein grobes Dreieck aus dem gefalteten Teig (der obere Teil des Dreiecks ist der Mittelpunkt des Teiges und die zwei Ecken die Seiten); an den kurzen Seiten greifen und erneut dehnen und falten. Rundherum wiederholen. Dann den Teig umdrehen und die Hände an beiden Seiten platzieren. Im Uhrzeigersinn Teigrand leicht unterklappen, um eine Kugel zu formen. Der Kontakt zur Arbeitsfläche sollte dabei nicht abreißen. Teigkugel in die Schüssel zurückgeben und 30 Minuten lang ruhen lassen.

Erneut dehnen und falten, dann für 30 Minuten ruhen lassen. Dann noch einmal dehnen und falten, erneut 30 Minuten ruhen lassen. Anschließend den Teig zu einer Kugel formen und großzügig mit Mehl bestäuben. Mit der Faltkante nach oben in einen Gärkorb (oder in eine Schüssel, die groß genug zum Gären ist) legen und 60 bis 90 Minuten ruhen lassen (siehe Abbildung 7).

Den Backofen auf höchster Stufe vorheizen. Einen Schmortopf oder ein Backblech zum Aufwärmen in den Ofen geben, ein weiteres Backblech mit kochendem Wasser füllen und an unterster Stelle im Ofen platzieren.

Vorsichtig den Teiglaib in den heißen Schmortopf oder auf das heiße Backblech befördern. Anschließend im Schmortopf (mit Deckel) oder auf dem Blech (mit extra Wasser-Blech) für 30 Minuten backen. Dann weitere 10 Minuten ohne Deckel bzw. ohne Wasser-Blech weiterbacken.

Das Brot ist fertig, wenn sich eine schöne braune Kruste gebildet hat (siehe Abbildung 8) und die Unterseite beim Draufklopfen hohl klingt. Vor dem Schneiden gut abkühlen lassen (siehe Abbildung 9).

DINKEL MIT HALLOUMI & SÜSSKARTOFFEL

2 PERSONEN

- 200 g Süßkartoffeln
- Olivenöl
- Salz und Pfeffer
- 150 g Kochdinkel
- 1 EL Tahin
- 60 g Spinatblätter, grob gehackt
- 150 g Tomaten, grob gewürfelt
- 1 EL frische Minzblätter
- 100 g Halloumi

Dinkel ist ein eher ungewöhnliches Getreide. Es enthält aber auch Gluten und genießt deshalb vermutlich nicht den gleichen Beliebtheitsstatus wie Quinoa. Wenn du keinen Kochdinkel findest, kannst du auch einfach Reis benutzen.

Den Ofen auf 220 °C Ober-/Unterhitze (200 °C Umluft) vorheizen.

Die Süßkartoffeln schälen und grob würfeln. Dann auf einem mit Backpapier ausgelegten Backblech verteilen und mit Olivenöl beträufeln. Anschließend mit Salz und Pfeffer würzen und für 20–30 Minuten im Ofen garen, bis die Stücke weich sind.

Den Kochdinkel derweil für 20 Minuten in gesalzenem Wasser kochen.

Überschüssiges Wasser abgießen und Tahin sowie Salz nach Belieben einrühren.

Den gehackten Spinat zum Kochdinkel geben. Topfdeckel auflegen und den Spinat leicht dünsten lassen.

Die gegarten Süßkartoffeln, Tomaten sowie gehackte Minze zum Kochdinkel hinzufügen. Alles gründlich durchmischen. Anschließend auf Servierplatte oder zwei Teller geben.

Den Halloumi ohne Ölzugabe in einer Pfanne anbraten und anschließend auf dem Salat platzieren. Sofort servieren, bevor der Käse gummiartig wird.

TIPP Wenn du das Gericht vorbereiten möchtest, solltest du den Halloumi trotzdem erst kurz vor dem Essen anbraten.

TOMATEN-ZUCCHINI-RISOTTO

4–6 PERSONEN

- Olivenöl
- 1 Zwiebel (circa 110 g), geschält und in Scheiben geschnitten
- 1 Gemüsebrühwürfel
- 400 g Risottoreis
- 400 g gewürfelte Tomaten aus der Dose
- 1 Zucchini (circa 250 g), grob geraspelt
- 100 g Kirschtomaten, halbiert
- 2 Knoblauchzehen, geschält
- Zwei große Handvoll frisches Basilikum
- Grobes Meersalz
- 25 g Butter oder vegane Margarine
- 100 g fein geriebener Parmesan und noch ein bisschen mehr zum Anrichten (für vegane Variante einfach weglassen)

Fleischlastige Speisekarten bieten als vegetarische Alternative oft ein schlichtes Pilzrisotto an, und die meisten Vegetarier haben daher schon einmal ein richtig mieses Risotto essen müssen. Ein richtig gutes Risotto hat hingegen der Koch Theo Randall für mich auf einem Event gekocht, und es war das erste Mal, dass ich das Gericht wirklich gern gegessen habe. Es war einfach perfekt. Selbstverständlich habe ich zu Hause versucht, es anhand meiner Erinnerung nachzukochen. Ich finde, dass meine Variante genauso gut schmeckt wie Randalls Risotto, aber sag ihm das bitte nicht. Oh, und noch eins: Es ist glutenfrei!

2 EL Olivenöl bei mittlerer Hitze in einer großen Pfanne erhitzen. Zwiebelwürfel etwa 5 Minuten lang anbraten und dabei aufpassen, dass sie nicht anbrennen.

In der Zwischenzeit den Gemüsebrühwürfel in 500 ml Wasser auflösen.

Reis in die Pfanne geben und mehrere Minuten lang unter Rühren aufwärmen.

Die Hälfte der Gemüsebrühe hinzugießen, gründlich umrühren, dann die gewürfelten Tomaten hinzufügen. Den Reis 15 Minuten köcheln lassen bzw. 2 Minuten kürzer als auf der Packung angegeben. Dabei immer wieder gründlich umrühren.

Die Zucchiniraspeln in einer separaten Pfanne in ein wenig Olivenöl anbraten. So verdunstet überschüssige Flüssigkeit.

Das ist jetzt ein kleiner Drahtseilakt, aber du solltest versuchen, beide Pfanneninhalte gleichmäßig umzurühren, damit kein Reis am Boden kleben bleibt (notfalls die Hitze reduzieren) und die Zucchini nicht anbrennt.

Etwas Brühe hinzufügen, wenn der Reis zu trocken wird. Wenn er zu stark kocht, die Hitze reduzieren.

Die Zucchini darf dem Reis untergehoben werden, sobald sie den Großteil ihrer Feuchtigkeit abgegeben hat. Ein wenig Öl in die Pfanne geben, in der zuvor die Zucchini war, und die Kirschtomaten vorsichtig anbraten, bis sie schön weich sind.

Den Knoblauch und das Basilikum mit einer Prise Meersalz im Mörser zu einer glatten Paste verarbeiten, dann dem Risotto beifügen. Wenn kein Mörser vorhanden ist, geht auch ein Pürierstab oder notfalls ein Küchenmesser zum Zerkleinern der Zutaten.

Das Risotto abschmecken, nachdem der Reis 15 Minuten lang gekocht hat. Er sollte noch bissfest und nicht weich gekocht sein. Wenn das Risotto fertig ist, Hitze reduzieren und die Kirschtomaten einrühren. Butter und ggf. auch Parmesan hinzugeben und gründlich umrühren.

Mit ein wenig extra Parmesan und einem Schuss Olivenöl (vertrau mir, darauf solltest du nicht verzichten) servieren und sofort genießen.

VANILLEWAFFELN MIT ERDBEERKOMPOTT

FÜR 1 WAFFEL

- 100 g gehackte Erdbeeren (frisch oder tiefgekühlt)
- 1 EL Ahornsirup
- 50 g Mehl (weiß oder Vollkorn)
- 1 TL Backpulver
- 1 Prise Salz
- 1 TL Vanillepaste oder -essenz
- 1 EL Zucker oder 1 TL Stevia
- 1 Ei, verquirlt
- 50 ml Milch (Kuh-, Hafer- oder Mandelmilch)
- Griechischer Joghurt (optional)

Ich habe früher nur vegane und glutenfreie Pancakes gemacht und frage mich im Nachhinein, wie ich das hingekriegt habe. Pancakes und Waffeln schmecken so viel besser, wenn ein bisschen Gluten drinsteckt. Falls du kein Waffeleisen hast, kannst du aus dem Rezept auch einfach Pancakes machen!

Erdbeeren und Ahornsirup in einen kleinen Topf geben. Bei frischen Beeren einen Schuss Wasser hinzugeben. Vorsichtig aufkochen, bis die Paste eindickt und marmeladenartig aussieht. Je nach Erdbeeren dauert das 5 bis 20 Minuten.

Die restlichen Zutaten (außer dem Joghurt) zu einem glatten Teig verrühren.

Den Teig in ein vorgewärmtes Waffeleisen gießen und 5 Minuten backen, bis die Waffel goldbraun ist.

Wenn die Waffel fertig ist, zusammen mit Erdbeerkompott und je nach Geschmack dem Joghurt genießen.

Detox

DER DETOX-MYTHOS

Wie oft bist du zu Jahresbeginn auf Aufrufe zum »Januar-Detox« gestoßen? Oder »Frühlingsentgiftungskuren«, »die perfekte Bikinifigur durch Detox« oder »das Wochenende durch Entgiftung wettmachen«?

Ob Saftkuren, Detox-Tees, Kaffee-Einläufe oder hochdosierte, intravenös verabreichte Vitamine: Der Entgiftungstrend ist allgegenwärtig. Insbesondere in den sozialen Netzwerken erfreut er sich großer Beliebtheit; dort haben sich einige Unternehmen mit zehntausenden Abonnenten und scheinbar unbegrenzten finanziellen Mitteln mit prominenten Werbegesichtern breitgemacht.

All diese »Entgiftungsmethoden« sollen deinen Körper auf die eine oder andere Art von Giftstoffen befreien. Lass uns diese Methoden der Reihe nach genauer anschauen und mal sehen, was wirklich dahintersteckt ...

SAFTKUREN

Die Saftkur folgt einem relativ einfachen Prinzip: ein paar Tage lang auf feste Nahrung verzichten und nur trinken. Allerdings nicht irgendwas, es muss schon kaltgepresster Bio-Direktsaft sein, denn Himmel verbiete, dass du irgendeine billige Orangensaftplörre aus dem nächsten Supermarkt zu dir nimmst.

Ich habe mir online ein paar der Top-Treffer zum Thema »Saftkuren« genauer angesehen und besonders auf die Versprechen der Anbieter geachtet – die sind ziemlich beeindruckend. Die Saftkuren sollen deine »Entgiftungssysteme« beflügeln (das Wie wird nicht beschrieben), »Gifte ausspülen« (welche genau?), deine »Zellen mit Feuchtigkeit versorgen« (etwa so wie Wasser?), deine Haut »zum Leuchten« bringen, dir beim Abnehmen helfen und dein Energielevel anheben. Angeblich sind sie außerdem eine Entlastung für dein Verdauungssystem, was von einem krassen Unverständnis des menschlichen Körpers zeugt. Im Ernst, so funktioniert das nicht.

Auf manchen Webseiten werden konkretere Versprechen gegeben, wie etwa, dass die Kur helfe, »deinen Körper von Schwermetallen zu entgiften«. Lass uns mal kurz über diese Schwermetalle reden. Einige davon, wie Zink, Kupfer und Mangan, brauchst du in geringen Mengen zum Überleben. Aber zu viel ist gefährlich. Eine Schwermetallvergiftung bringt sehr spezifische Symptome mit sich, die je nach Art des Metalls variieren. Entsprechend bescheuert ist es, diese Symptome in einen Topf zu werfen und allgemein von einer »Schwermetallvergiftung« zu sprechen. Wenn du unter einer Form der Schwermetallvergiftung leiden solltest, solltest du möglichst schnell zur Notaufnahme fahren. Ein grüner Saft hilft dir dann bestimmt nicht weiter.

All diese Behauptungen sind, wenig überraschend, recht vage gehalten und wissenschaftlich nicht belegt. Du führst deinem Körper durch Direktsäfte durchaus Nährstoffe zu, aber die könntest du genauso gut über feste Nahrung aufnehmen. Eine Saftkur bringt wenig Ballaststoffe mit sich, kann jedoch reich an freiem Zucker sein, wenn sie sich primär auf Fruchtsäfte stützt (nicht vergessen: gemäß des SACN, also des *Scientific Advisory Committee on Nutrition*, zählen Fruchtsäfte zu freiem Zucker), und ist außerdem mit großer Wahrscheinlichkeit proteinarm. Ein- oder mehrtägiges Saftfasten ist nicht so schlimm, außer dass dir durch einen Natriummangel schwindelig sein könnte, und falls du ausschließlich reinen Gemüsesaft trinkst, nimmst du gar keine Kohlenhydrate zu dir, wodurch du dich vermutlich müde fühlst – also genau das Gegenteil von dem, was dir versprochen wurde.

Saftfasten ist teuer (oh hallo, noch ein Beispiel für den Snobismus der Gesundheitsbranche) und führt langfristig nicht zu gesunden Gewohnheiten. Sogar wenn du nicht auf eine »Entgiftung«, sondern nur auf eine Gewichtsreduktion abzielst, wirst du höchstwahrscheinlich wieder zunehmen, sobald du wieder normale Nahrung zu dir nimmst.

 ## DETOX-TEES

Auf die Gefahr hin, nicht besonders unbefangen zu klingen – wobei ich mir nicht sicher bin, je so geklungen zu haben –, aber: Ich hasse Detox-Tees aus tiefstem Herzen. Für mich repräsentieren sie alles, was schlecht an den sozialen Medien ist, quasi wie ein geballter Haufen Bullshit, der von Prominenten gehypt wird. Diese Metapher trifft es ziemlich genau, wart's nur ab.

Wenn du noch nie etwas von Detox-Tees gehört hast, gratuliere ich dir. Bitte sag mir, unter welchem Stein du dich versteckt hast, um diese grauenvollen Produkte zu vermeiden. Ich will da auch hin.

Detox-Tees sind Kräutertees, die 2 bis 3 Mal am Tag getrunken werden sollen, entweder 30 Minuten vor jeder Mahlzeit oder einmal morgens und einmal abends.

Diese Tees, insbesondere Abendtees, enthalten häufig ein natürliches Abführmittel namens Senna. Die abführenden Eigenschaften stimulieren die Sekretion von Wasser und regen die Darmbewegungen an, wodurch der Eindruck erweckt wird, dass der Tee dich bei der Gewichtsabnahme unterstützt. Tut er aber nicht. Du verlierst buchstäblich nur Wasser, und wenn du das Abführmittel nicht mehr zu dir nimmst, wirst du genau dieses Wassergewicht wieder zunehmen. Abführmittel führen nicht zu Fettverlust und »entgiften« den Körper auch nicht [1].

Und nicht nur das: Senna hat diverse Nebenwirkungen, die auch auf sogenannten »Teatox«-Webseiten erwähnt werden. Dazu zählen Dehydrierung, Müdigkeit, Schwindel, Dickdarmschäden, Schmerzen, Krämpfe, Durchfall und Abführmittelabhängigkeit [1].

Insbesondere Letzteres ist wichtig, da Abführmittel maximal über einen Zeitraum von zwei Wochen eingenommen werden dürfen und diese Detox-Tees häufig in Monats- bzw. 28-Tage-Packungen verkauft werden. Es kann also gut sein, dass du nach deinem »Entgiftungsmonat« mit einer Verstopfung zu kämpfen hast, was nicht gerade angenehm ist.

Die Vertreiber von Detox-Tees empfehlen, dass man während der Tee-Kur kalorienbewusst essen und regelmäßig Sport treiben soll. Was glaubst du, was tatsächlich den Unterschied macht?

 ## AKTIVKOHLE

Aktivkohle wird aus hocherhitzten Kokosnussschalen, Holz oder Torf hergestellt, die mit Gas oder einem anderen Aktivierungsmittel angereichert wurden. Durch die »Aktivierung« wird die Oberfläche vergrößert und porös, so können diverse Substanzen gebunden werden. Das verhindert, dass sie in den Blutkreislauf gelangen.

Aktivkohle wird manchmal zur Behandlung von Vergiftungen oder Überdosen verwendet; das ist also krasses Zeug! Im Umkehrschluss bedeutet es außerdem, dass sie mit Medikamenten reagiert, wie zum Beispiel Schmerzmitteln, Empfängnisverhütung oder verschreibungspflichtigen Medikamenten. Sei also bitte vorsichtig [2]! Gegen einen Kater wirkt Aktivkohle übrigens nicht, weil sie mit Alkohol nicht reagiert und Alkohol zu schnell absorbiert wird, als dass Kohle irgendwie einen Einfluss darauf haben könnte [3].

Aktivkohle »entgiftet« oder reinigt dein Blut nicht. Die Kohlepartikel sind zu groß, um in die Blutbahn zu gelangen. Stattdessen wandern sie direkt in den Darm und dann aus dir hinaus.

Was könnte daran also schädlich sein? Nun ja, Aktivkohle kann zum Beispiel die Nährstoffaufnahme beeinträchtigen, sodass dir wichtige Vitamine und Mineralien entgehen, wenn du Kohle und Lebensmittel gleichzeitig zu dir nimmst, zum Beispiel in Form eines »Black Latte« [4].

Es existieren durchaus Studien, die für Aktivkohle sprechen, aber diese gelten eher für ernste medizinische Fälle und nicht für Zeiten, in denen man sich einfach schlapp und »voller Giftstoffe« fühlt.

»BIO«-ESSEN

Ich habe schon oft gesehen, dass Leute fordern, wir sollten nur noch Bio-Lebensmittel essen, um unseren Körper von Pestizidrückständen zu »entgiften«. Eins möchte ich direkt klarstellen: »Bio« bedeutet nicht pestizidfrei. Es gibt eine lange Liste von Pestiziden, Herbiziden und so weiter, die von der britischen *Soil Association* genehmigt wurden. »Biologisch« sagt nichts darüber aus, wie viel oder wie oft die Pflanzen besprüht wurden; es verrät lediglich, was für eine Art von Pestizid verwendet wurde: natürliche – im Gegensatz zu den künstlichen, die in der konventionellen Landwirtschaft eingesetzt werden.

Pestizide sind giftig, stimmt. Logisch sind sie das, das ist ja gerade der Sinn der Sache. Wir benutzen sie, um unerwünschte lebende Organismen zu töten. Aber nur weil sie hochgiftig für Insekten sind, heißt das nicht zwangsläufig, dass das auch für Menschen gilt. Schokolade ist für Hunde giftig, und trotzdem wird das nicht als Vorwand genutzt, sie nicht mehr zu essen.

Es gibt keinen Zusammenhang zwischen der »Natürlichkeit« eines Pestizids und seiner Giftigkeit für den Menschen. Manche natürlichen Pestizide sind giftiger als künstliche, und manche sind weniger giftig. Zum Beispiel dürften Bio-Bauern Kupferlösung, die sogenannte »Bordeauxbrühe«, als Fungizid einsetzen. Im Kontrast zu modernen biologisch abbaubaren Pestiziden bleiben dabei giftige Kupferrückstände im Boden.

Künstliche Pestizide werden extrem gründlich auf ihre Sicherheit überprüft, und es dauert daher Jahre, bis sie auf den Markt gelangen. Nicht-biologische Lebensmittel sind nicht »mit Chemikalien gesättigt«. Das ist nicht nur Angstmacherei und eine heftige Übertreibung, sondern würde auch wenig Sinn als Geschäftsmodell machen: Pestizide kosten Geld! Die Rückstände von Pestiziden in unserem Essen sind absolut unbedenklich, und unser Körper hat keine Probleme damit. Dieses großartige Zitat fasst es meiner Ansicht nach gut zusammen: »Wir haben errechnet, dass 99,99 % (je nach Gewicht) der Pestizide im amerikanischen Essen Chemikalien sind, die Pflanzen eigenständig zu ihrem Schutz produziert haben.« [5] Nur 0,01 % der Pestizide wurden also vom Menschen hinzugefügt, sei es nun natürlich oder künstlich. Das erscheint kaum weiter erwähnenswert.

Ich wiederhole das gerne noch hundert Mal und so lange, bis es sich in deinem Bewusstsein verankert hat: Nur weil etwas natürlich ist, heißt das nicht automatisch, dass es auch besser für dich ist als etwas, das nicht natürlich ist. Dein Körper erkennt weder Lebensmittel noch Lebensmittelquellen, sondern lediglich chemische Strukturen und chemische Verbindungen.

Bio-Lebensmittel sind nicht unbedingt gesünder oder nährstoffreicher. Systematisch durchgeführte Studien, in denen Bio- und konventionelle Lebensmittel miteinander verglichen wurden, beweisen, dass es keine Unterschiede im Nährstoffgehalt gibt. Selbstverständlich gibt es einzelne Studien, die belegen, dass bestimmte Bio-Lebensmittel einen höheren Nährstoffgehalt haben. Die sind jedoch nicht unbedingt repräsentativ und zeigen nur einen kleinen Ausschnitt. Solche Unterschiede können beispielsweise auch am Boden, der geografischen Lage, der Jahreszeit oder einfach an einer schlecht durchgeführten Studie liegen. Man sollte nie vergessen, dass auch die Bio-Industrie Studien in Auftrag gibt, und entsprechend skeptisch mit derlei Forschungsergebnissen umgehen.

Gemeinhin belegen Studien, dass Bio-Lebensmittel nicht unbedingt besser für dich sind oder besser schmecken als andere Produkte. Ausschließlich »bio« zu essen, um den giftigen Pestiziden auszuweichen, funktioniert höchstens, wenn du Bio-Produkte isst, die überhaupt nicht gesprüht wurden. Und auch sonst ist es nicht schlimm, denn Pestizide tauchen in so geringem Maße in unserem Essen auf, dass der Konsum sicher ist und dein Körper mühelos mit diesen Minimalrückständen umzugehen weiß.

Nur weil etwas natürlich ist, ist es nicht automatisch »gut«.

KAFFEE-EINLÄUFE

Willst du wirklich mehr darüber wissen? Grob gesagt funktioniert es so, dass man Bio-Kaffee mit »chemiefreiem«, gefiltertem Wasser zubereitet (schon klar, dass Kaffee aus über 100 verschiedenen Chemikalien besteht?), ihn abkühlen lässt, in einen Klistierbeutel gießt und sich mit einem Schlauch im After auf den Boden legt. Die Schwerkraft erledigt dann in den folgenden 15 Minuten alles Weitere. So sollen »Giftstoffe« ausgespült, der »Dickdarm gereinigt und geheilt«, »Depressionen kuriert« und »das Energieniveau erhöht« werden.

Ironischerweise kann ein Kaffee-Einlauf genau das Gegenteil bewirken und den Dünndarm reizen statt »heilen«. Neben dem Risiko einer rektalen Perforation zählen Infektionen, schwere Elektrolytstörungen, Dickdarmentzündungen, Gehirnabszesse, Herzinsuffizienz und inneres Brennen zu den möglichen Nebenwirkungen. Es sind schon Menschen an den Nebenwirkungen von Kaffee-Einläufen gestorben. Was für eine Art, den Löffel abzugeben!

Die herauskommenden »Rückstände« (igitt!) sind im Grunde genommen Durchfall. Hand aufs Herz: Warum sollte man freiwillig Durchfall haben wollen?! Das ist kein Giftstoff, sondern Scheiße. Buchstäblich. Du musst dein Verdauungssystem nicht entgiften; wenn deine Organe nicht so arbeiten, wie sie sollten, erkennst du es an Symptomen wie Gelbsucht oder Blut im Stuhl. Kaffee bringt nichts.

Ich kann nicht mal ansatzweise verstehen, warum man Kaffee als Einlauf verwenden sollte, statt ihn zu trinken. Es gibt keinen Grund zur Annahme, dass man anders auf Kaffee reagiert, wenn man ihn oral statt rektal zu sich nimmt. Woher sollen deine Zellen wissen, woher der Kaffee kommt, sobald er einmal im Körper ist? Sie haben keine Ahnung. Offensichtlich.

Das Allerschlimmste an der ganzen Prozedur ist vielleicht, dass sie im Rahmen der Gerson-Therapie eingesetzt wird, um Krebs durch »Entgiftung« zu »heilen«. Ich bin kein religiöser Mensch, aber ich glaube fest daran, dass es einen speziellen Ort in der Hölle gibt, der für Fürsprecher unseriöser Krebstherapien reserviert ist. Kaffee heilt Krebs definitiv nicht.

VITAMIN-INFUSIONEN

Hier handelt es sich um ein neues Phänomen, das dank finanzstarker, zeitarmer Promis populär geworden ist, die diesen neuesten Gesundheits-Boost bewerben. Vitaminpräparate werden nach individuellen Bedürfnissen (oder als speziell vorbereitete Mischung) zusammengestellt und im Laufe einer Stunde direkt in die Blutbahn injiziert.

Diese Infusionen sollen bei Stress und Jetlag helfen, das Energielevel in die Höhe treiben und das Immunsystem stimulieren.

Es gibt keine klinischen Studien, die beweisen, dass intravenös verabreichte Vitamine eine Wirkung haben, die über den Placeboeffekt hinausgeht. Sie können genauso gut über eine ausgewogene Ernährung aufgenommen werden. Überschüssige Vitamine werden ohnehin über den Urin ausgeschieden. Wir sind sozusagen so konzipiert, dass wir Vitamine über unser Verdauungssystem aufnehmen und nicht über unsere Venen.

Zu den Risiken dieser Prozedur zählen Hämatome, Infektionen und Venenentzündungen, und falsche Dosierungen können zum plötzlichen Herztod führen. Extrem hohe Vitamindosen (Hypervitaminose) sind genauso schädlich wie Vitaminmangel und müssen im schlimmsten Fall stationär behandelt werden.

 ## ZITRONENWASSER

Eine ganze Horde Instagrammer und Gesundheitsgurus schwört auf warmes Wasser mit Zitronensaft. Aber warum? Oft wird ganz einfach behauptet, es sei »gut für dich«, ohne irgendwelche Gründe anzugeben, aber ich habe auch schon spezifische Argumentationen gesehen, wie z. B. dass es »die Giftstoffe herausspült«.

Zitronenwasser soll gleich am Morgen »die Leber aufwecken«. Deine Leber muss aber gar nicht aufgeweckt werden. Wenn deine Leber immer dann schlafen würde, wenn du ein Nickerchen machst, würdest du wahrscheinlich nie wieder die Augen öffnen. Deine Leber ist immer aktiv!

Zitronenwasser soll außerdem eine »basische« Wirkung haben. Das macht nun wirklich gar keinen Sinn, wenn man bedenkt, dass eine ganze Menge Zitronensäure darinsteckt. Zahnärzte warnen sogar vor täglichem Zitronenwasserkonsum, da das den Zahnschmelz beschädigen und deine Zähne kaputt machen kann. Auf die Behauptung, Zitronen seien »basisch«, gehe ich noch einmal tiefer in einem anderen Kapitel ein ...

Vitamine müssen über unser Verdauungssystem aufgenommen werden.

Entgiftungen sind natürliche Vorgänge, die die Gesundheitsindustrie mit einem Marketing-Monopol besetzt hat. Der Verweis auf »die Wissenschaft« soll die Anwendungen und ihre Vertreter glaubhaft wirken lassen.

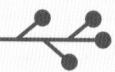 DEIN KÖRPEREIGENES ENTGIFTUNGSSYTEM

Durch Stoffwechselprozesse können schädliche Substanzen entstehen, die durch diverse Körperreaktionen weniger giftig gemacht werden. Dabei handelt es sich um dein körpereigenes Entgiftungssystem. Es gibt eine Gruppe von rund dreißig Entgiftungsenzymen in deinem Körper. Zu den wichtigsten zählen P 450-Oxidasen, Glucuronosyltransferasen (was für ein Zungenbrecher, ich kann das kaum buchstabieren!) und Glutathion-S-Transferasen.

Die Entgiftung erfolgt in drei Phasen:
Phase 1: Modifizierung, normalerweise Oxidationsreaktionen (also das Hinzufügen von Sauerstoff oder die Abgabe von Sauerstoffelektronen). Wird am häufigsten von P 450-Enzymen initiiert.
Phase 2: Konjugation. Grob gesagt, werden zwei Dinge miteinander verbunden. Das bedeutet in der Regel, dass etwas wasserlöslicher gemacht wird, damit es leichter im Blut zu transportieren ist und von den Nieren entfernt werden kann.
Phase 3: Ausscheidung. Meist über die Nieren und dann über den Urin.

Die Leber erledigt den größten Teil der Arbeit, aber auch die Nieren, die Lungen und die Haut helfen mit, insbesondere bei lokaler Toxizität. Jedes organische Gewebe kann in gewisser Weise zur Entgiftung beitragen. Dieses System arbeitet ohne Unterlass, Tag und Nacht und rund um die Uhr. Eine Saftkur oder ein spezieller Tee machen keinen Unterschied; wenn es Probleme gibt, leidest du unter so schlimmen Symptomen, dass du ins Krankenhaus musst oder sogar daran stirbst.

 ## PURER DIÄT-BULLSHIT

Fällt dir auf, was bei all den genannten »Entgiftungs«-Methoden fehlt? Ein Mechanismus vielleicht? Ich wäre ja schon froh, wenn konkrete Giftstoffe genannt werden würden, aber nicht mal das wird geliefert.

Du brauchst nur eine Leber und Nieren zum Entgiften, sie übernehmen die ganze Arbeit, führen komplexe Prozesse durch und wandeln giftige Substanzen in etwas um, das sicher ausgeschieden werden kann. Die meisten »Detox«-Produkte erwähnen nicht einmal, von welchen Giftstoffen sie dich befreien – eben weil sie dich von nichts befreien. Warum behaupten die Leute also, die Detox-Produkte würden ihnen helfen? (Mal abgesehen davon, dass sie in den sozialen Netzwerken dafür bezahlt werden.) Es könnte sein, dass sie sich gesünder ernährt haben, dass es sich um einen reinen Placebo-Effekt handelt oder dass etwaige Symptome auf natürlichem Wege verschwinden. Eine Entgiftungskur zu machen gibt den Menschen das Gefühl, einen gesünderen Lebenswandel zu bestreiten – was sie vielleicht auch tun, wenn sie stärker auf ihre Ernährung achten –, aber das liegt gewiss nicht an einem besonderen Tee oder einem Einlauf!

Schlimm ist auch, dass negative Symptome, die oft mit Saftkuren und Co. einhergehen, in etwas Positives umgedeutet werden, indem behauptet wird, man merke daran, dass der Prozess Wirkung zeige. Das ist vielleicht eine geschickte Marketingstrategie, aber ansonsten blanker Unsinn. Wenn dir schwindelig und übel ist, heißt das nicht, dass du »entgiftest«, sondern vielmehr, dass du extrem hungrig bist und etwas zu essen brauchst.

Entgiftungen sind natürliche Vorgänge, die die Gesundheitsindustrie mit einem Marketingmonopol besetzt hat. Der Verweis auf »die Wissenschaft« soll die Anwendungen und ihre Vertreter glaubhaft wirken lassen. Auf Webseiten, die Saftkuren oder Kaffee-Einläufe bewerben, werden oft spezielle Enzyme, Organe und Stoffwechselwege genannt, aber auf eine Art und Weise, die schlicht verkehrt und abwegig ist. Das ist ein mühsames Bestreben, irgendwie wissenschaftlich zu klingen, aber eines, das leider oft von Erfolg gekrönt ist.

Folgendes ist entscheidend: Wenn du gerne grünen Saft magst, nimm ihn als Teil einer ausgewogenen Ernährung zu dir. Trink Kräutertees, wenn du den Geschmack

Alles, was du zum »Entgiften« brauchst, sind eine Leber und Nieren. Sie arbeiten rund um die Uhr, damit du nicht stirbst.

liebst. Iss Bio-Lebensmittel, wenn du findest, dass sie besser schmecken, oder dir ökologischer und regionaler Anbau wichtig ist. Nimm Multivitamintabletten ein (oral, bitte) oder geh zum Arzt, wenn du dir Sorgen um deinen Vitaminhaushalt machst. Und im Interesse aller lebenden Geschöpfe: Bitte kipp dir deinen Kaffee oben rein und nicht unten in dein Rektum.

Gibt es denn nun überhaupt etwas, das deine Leber beim Entgiften unterstützt? Ja. Seltsamerweise kann dein Körper am besten mit Giftstoffen umgehen, wenn du welche niedrigdosiert zu dir nimmst. Alkohol zählt streng genommen dazu. Demografische Studien haben bewiesen, dass Menschen mit moderatem Alkoholkonsum eine längere Lebenserwartung haben als Abstinenzler oder diejenigen, die exzessiv trinken [8]. Es wäre wahrscheinlich ethisch fragwürdig, wenn ich Alkoholkonsum empfehlen würde. Aber davon abraten möchte ich auch nicht. Der Zusammenhang zwischen Alkoholkonsum und erhöhter Lebenserwartung erklärt sich vermutlich durch den sozialen Aspekt des Trinkens, aber eben auch damit, dass Alkohol ein Giftstoff ist.

Lass es mich genauer erklären: Genauso wie der Umgang mit Katzen und Hunden und das Spielen im Dreck gut für kleine Kinder und die Ausbildung ihres Immunsystems ist, weil sie dadurch zahlreichen Bakterien ausgesetzt werden, führt der Konsum kleiner Giftmengen wie Alkohol dazu, dass die Enzyme in deiner Leber besser mit anderen Giften umgehen können.

Aber falls du nicht so auf Alkohol stehst, kannst du es auch einfach mit Brokkoli versuchen. Kohlgemüse (zu denen Brokkoli zählt) enthalten eine inaktive Form von Zyanid, die bei der Verdauung aktiviert wird. Brokkoli zu essen bringt eine winzige Giftmenge mit sich, die die Leberenzyme fördert. Und das ist nur eines von zahlreichen Lebensmitteln, die diese Eigenschaft haben. Auf den folgenden Seiten findest du Rezepte, die Zutaten beinhalten, die gut für deine Leberenzyme sind und dein Wohlbefinden steigern. Das sind keine »Detox«-Speisen, sondern einfach Gerichte, die aufgrund ihrer chemischen Zusammensetzung eine besondere Wirkung auf deine Leber haben. Das Beste, was du für deine Leber tun kannst, ist, dich ausgewogen zu ernähren und dem Alkohol nicht zu stark zuzusprechen.

ALOO DUM

- 800 g Kartoffeln (circa 700 g nach dem Schälen)
- 40 g Butter oder 2 EL Kokosöl
- 1 Zwiebel (circa 110 g), geschält und fein gewürfelt
- 1 Lorbeerblatt
- 4 Knoblauchzehen, geschält und gepresst
- 1 EL gemahlener oder gehackter Ingwer
- 2 TL gemahlene Kurkuma
- 1 TL gemahlener Kreuzkümmel
- 1 TL gemahlener Koriander
- 1 Prise Chilipulver
- 200 g Passata
- 150 g gefrorene Erbsen
- 1 TL Garam-Masala-Gewürzmischung
- Salz
- Frische Korianderblätter zum Garnieren

Die Zwiebel und der Knoblauch in diesem Rezept enthalten Schwefel, der in der zweiten Entgiftungsphase von der Leber benötigt wird. Das Gericht »entgiftet« dich zwar nicht, enthält aber entscheidende Nährstoffe, die dein Körper braucht, um Entgiftungsenzyme zu produzieren. Außerdem kommen eine Menge leckerer Gewürze rein. Falls du nicht alle zur Hand hast, ist das allerdings nicht weiter schlimm. Versuch einfach, so viele wie möglich einzusetzen.

Kartoffeln schälen und grob würfeln (circa 3 cm groß). Einen mittelgroßen Topf mit gesalzenem Wasser aufkochen lassen und anschließend die Kartoffelwürfel 10 Minuten darin kochen.

Die Hälfte der Butter oder des Kokosöls bei mittlerer Hitze in einer großen Pfanne schmelzen. Dann die Zwiebel und das Lorbeerblatt hinzugeben und 5 Minuten lang anbraten. Anschließend Knoblauch und Ingwer in die Pfanne geben, 5 Minuten braten und dabei regelmäßig umrühren.

Die Kartoffeln abgießen und wieder in den Topf geben. Die restliche Butter bzw. das restliche Kokosöl und 1 TL Kurkuma hinzugeben. 5 Minuten lang anbraten.

Die übrigen Gewürze (Kreuzkümmel, Koriander, Chili und die restliche Kurkuma) in die Pfanne mit den Zwiebeln geben und 1 Minute lang mitbraten. Passata und Kartoffeln zugeben, Pfanne mit einem Deckel abdecken und bei niedriger Hitze für 10 Minuten köcheln lassen.

Die gefrorenen Erbsen zum Auftauen zugeben, dann die Garam-Masala-Gewürzmischung hinzufügen. Mit Salz und Pfeffer abschmecken, anschließend mit frischem Koriander servieren.

SCHWARZES LINSEN-DAL

3 – 4 PERSONEN

- 250 g schwarze Belugalinsen
- 25 g Butter oder Kokosöl
- 1 kleine Zwiebel (circa 100 g), geschält und fein gewürfelt
- 1 Lorbeerblatt
- 2 Kardamomkapseln (nicht schlimm, wenn du die nicht auftreiben kannst)
- 2 Knoblauchzehen
- 1 EL gemahlener oder gehackter Ingwer
- 1 TL gemahlener Koriander
- 1 TL gemahlener Kreuzkümmel
- 1 TL Chilipulver
- 50 g Tomatenmark
- 1 Gemüsebrühwürfel
- Salz
- 1–2 TL Garam-Masala-Gewürzmischung
- 200 g Crème double (wahlweise auch Hafer Cuisine)
- Butter zum Servieren (optional)

Wenn du das Londoner Restaurant Dishroom kennst, hast du bestimmt schon einmal von der Geschmacksexplosion namens »Schwarzes Linsen-Dal« gehört. Ich habe weder genug Zeit noch die Muße, etwas 24 Stunden lang zu kochen. Also ist meine Version vielleicht nicht ganz so gut, aber sie kommt gewiss nah an das Original heran. Zwiebeln und Knoblauch sind tolle Schwefelquellen, und genau das braucht deine Leber für ihre Entgiftungsenzyme.

Die Linsen in einem Sieb mit kaltem Wasser abspülen, bis dieses klar hindurchfließt.

Die Butter oder das Kokosöl in einem mittelgroßen Topf schmelzen. Dann die Zwiebel, das Lorbeerblatt und die Kardamomkapseln (falls vorhanden) 5 Minuten lang anbraten.

Knoblauch schälen und pressen, dann gemeinsam mit dem Ingwer in den Topf geben. Weitere 5 Minuten anbraten.

Koriander, Kurkuma und das Chilipulver hinzufügen und unter Rühren 1 Minute lang garen lassen. Tomatenmark hinzugeben und alles gut verrühren.

Gemüsebrühwürfel und Linsen hinzugeben, dann 500 ml Wasser in den Topf gießen. Bei mittlerer Hitze für mindestens 30 Minuten (idealerweise 2 Stunden) köcheln lassen, bei Bedarf mehr Wasser hinzufügen.

Mit Salz und Garam-Masala-Gewürzmischung würzen. Dann Crème double oder Hafer Cuisine hinzugeben und je nach Geschmack etwas Butter ergänzen, wenn du es besonders cremig magst. Gründlich umrühren und servieren.

MÖHREN-KOHL-CURRY

3 – 4 PERSONEN

- 2 Möhren (circa 240 g)
- 250 g Weißkohl
- 2 EL Kokosöl
- 1 TL Kreuzkümmelsamen
- 1 EL gemahlener Ingwer
- 1 TL gemahlene Kurkuma
- 1 TL Salz
- 1 frische grüne Chili
- 1 EL getrocknete oder frische Kokosflocken (optional)

Das ist das schnellste Curryrezept, das ich mir je ausgedacht habe. Es braucht von Anfang bis Ende nur circa 15 Minuten und ist einfach super, wenn du wenig Zeit hast. Falls du zu den Leuten gehörst, die Curry mit Kater vertragen, ist das ein wunderbares Rezept. Weißkohl gehört zu den Kohlgemüsen und enthält entsprechend Senfölglycoside und andere sekundäre Pflanzenstoffe, die die Entgiftungsenzyme deiner Leber fördern.

Möhren fein würfeln (kleiner als 1 cm). Weißkohl in dünne Scheiben schneiden.

Öl und Kreuzkümmelsamen in einem breiten Topf erhitzen. Sobald die Samen leise zischen, die restlichen Gewürze hinzugeben und circa 30 Sekunden lang verrühren.

Weißkohl und Möhren hinzugeben, bei mittlerer Temperatur im abgedeckten Topf für 5–7 Minuten garen lassen, bis das Gemüse gar, aber immer noch knackig ist.

Chili kleinschneiden und hinzugeben. Circa 1 Minute weiter garen lassen.

Kokosflocken (falls vorhanden) hinzufügen und servieren.

KREUZBLÜTLER-TACOS MIT AVOCADO-JOGHURT-DIP

ERGIBT 8 TACOS

- 2 TL Paprikapulver
- 2 TL gemahlene Kurkuma
- ½ TL Salz
- 1 TL Knoblauchpulver oder Knoblauchgranulat
- ½ TL Chilipulver oder Chiliflocken (optional)
- 2 EL Limettensaft
- 3 EL Olivenöl
- 250 g Brokkoli
- 250 g Blumenkohl
- 400 g Kichererbsen aus der Dose, abgegossen und gewaschen
- 8 Taco-Shells

Für den Dip
- 1 mittelgroße Avocado
- 200 g Naturjoghurt
- Saft einer Limette
- Salz und Pfeffer

Brokkoli und Blumenkohl gehören beide zu den Kohlgemüsen, die sekundäre Pflanzenstoffe wie zum Beispiel Senfölglycoside enthalten. Diese Substanz enthält Schwefel, welches dein Körper für Phase 2 des Entgiftungsprozesses benötigt. Jüngste wissenschaftliche Untersuchungen arbeiten daran, krebshemmende Stoffe darin nachzuweisen.

Den Ofen auf 220 °C Ober-/Unterhitze vorheizen (200 °C Umluft). Paprikapulver, Kurkuma, Salz, Knoblauch, Limettensaft, Olivenöl und ggf. Chili zu einer Marinade vermischen.

Brokkoli und Blumenkohl in kleine Röschen schneiden. Anschließend zusammen mit den Kichererbsen auf einem Backblech ausbreiten. Die Marinade über das Gemüse geben und gründlich miteinander vermengen. Anschließend für 30 Minuten im Ofen rösten.

In der Zwischenzeit den Dip vorbereiten. Avocado, Joghurt und Limettensaft in einen Mixer geben. (Notfalls mit einer Gabel miteinander vermengen.) Mit Salz und Pfeffer abschmecken und in einer kleinen Schüssel bereitstellen.

Taco-Shells für 30 Sekunden in der Mikrowelle erwärmen. Ich bin ein großer Fan davon, die Tacos selbst zu befüllen, und empfehle, einfach alle Zutaten in der Tischmitte bereitzustellen.

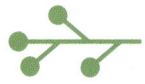

TIPP Für eine Extradosis Protein mit Hähnchen servieren.

GRÜNE ZITRONENLINGUINE

2 PERSONEN

- 150 g Linguine
- 1 Knoblauchzehe, geschält
- 20 g frisches Basilikum
- 2 EL Olivenöl
- ½ Zitrone, abgerieben und gepresst
- Salz und Pfeffer
- 200 g zarter, grüner Spargel, hölzerne Enden abtrennen (alternativ 150 g Spargelspitzen)
- 80 g gefrorene Edamame-Bohnen
- 30 g Blattspinat
- Geriebener Parmesan oder vegane Alternative, zum Anrichten
- Zitronenschnitze, zum Anrichten

In diesem Rezept kommen gepresste Knoblauchzehen zum Einsatz. Durch das Pressen wird der sekundäre Pflanzenstoff Allicin freigesetzt, eine Organoschwefelverbindung (enthält also Schwefel), die mit zahlreichen gesundheitlichen Vorteilen in Verbindung gebracht werden kann. Der Schwefel ist weiterhin ein elementarer Baustein für die Entgiftungsenzyme in der Leber. Außerdem schmeckt Knoblauch unfassbar gut, wenn man ihn mit Basilikum und Zitrone kombiniert!

In einem kleinen und einem großen Topf Wasser aufkochen. Die Linguine im größeren Topf für 7 Minuten garen.

Knoblauch, Basilikum, Olivenöl, Zitronenabrieb und -saft sowie eine Prise Salz und Pfeffer mit dem Pürierstab mixen. Abschmecken und eventuell nachwürzen.

Spargel und Edamame-Bohnen in dem kleineren Topf für 3–5 Minuten köcheln lassen.

2 Minuten vor Ende der Garzeit den Blattspinat hinzugeben. Bis auf einen kleinen Rest das Kochwasser der Linguine abgießen und die Zitronensoße hinzugeben. Gründlich verrühren.

Das Gemüse abgießen. Linguine und Gemüse in zwei tiefe Teller geben, Parmesan darüberstreuen und mit einem Spritzer Olivenöl und einer kleinen Prise Salz servieren. Zitronenschnitze als Garnitur obenauf legen.

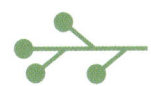

TIPP Schmeckt auch großartig mit Lachs.

MAROKKANISCHER BOHNENEINTOPF

4 PERSONEN

- Olivenöl
- 1 Zwiebel (circa 110 g), geschält und fein gewürfelt
- 2 Knoblauchzehen
- 1 TL Zimt
- 2 TL gemahlener Kreuzkümmel
- 2 EL gemahlener Koriander
- 2 TL Paprikapulver
- ½ TL Chiliflocken
- 50 g Datteln, entsteint
- 200 g Möhren, gewürfelt
- 250 g Süßkartoffeln, geschält und gewürfelt
- 400 g gewürfelte Tomaten aus der Dose
- 1 Gemüsebrühwürfel
- 1 orangefarbene oder gelbe Paprika, in 2 cm große Würfel zerkleinert
- 400 g Kichererbsen aus der Dose, abgegossen und gewaschen
- 50 g Blattspinat, gehackt
- Salz und Pfeffer
- Gekochter Reis, als Beilage
- Koriander, zum Garnieren

Dass in Zwiebeln und Knoblauch Schwefel steckt, der wichtig für die Entgiftungsenzyme der Leber ist, ist vermutlich inzwischen bekannt. Die Enzyme bestehen primär aus Proteinen, und dieses Rezept versorgt dich mit all den Aminosäuren, die dein Körper braucht: Die Kombination von Kichererbsen und Reis ergibt eine komplette Proteinquelle!

Einen Schuss Olivenöl in einem großen Topf bei mittlerer Hitze erwärmen. Zwiebel hinzugeben und für 5 Minuten anbraten.

Knoblauch schälen und pressen und gemeinsam mit den Gewürzen in den Topf geben. 1 Minute unter Rühren anbraten. Dann Datteln, Möhren und Süßkartoffeln hinzugeben und eine weitere Minute lang braten.

Tomatenwürfel und einen guten Schuss Wasser sowie Gemüsebrühwürfel hinzugeben. Dann 15–20 Minuten lang köcheln lassen, bis die Süßkartoffeln und die Möhren weich sind. Falls du Reis als Beilage servieren möchtest, in der Zwischenzeit den Reis kochen.

Paprikawürfel und Kichererbsen hinzugeben und weitere 10 Minuten köcheln lassen.

Topf von der warmen Platte nehmen und den kleingehackten Blattspinat unterrühren. Mit Salz und Pfeffer abschmecken.

Mit Reis und frischem Koriander servieren.

SPINAT-GRÜNKOHL-DAL

4 PERSONEN

- 400 g rote Linsen
- 1 EL Kokosöl, Ghee oder Pflanzenöl
- 1 weiße Zwiebel (circa 100 g), geschält und gewürfelt
- 2 Knoblauchzehen
- 1 EL gemahlener Ingwer
- 1 TL gemahlener Koriander
- ½ TL Chiliflocken
- 1 EL gemahlene Kurkuma
- 1 TL gemahlener Kreuzkümmel
- ½ TL gemahlener Zimt
- 1 Gemüsebrühwürfel
- 1 Tomate (circa 150 g), gewürfelt
- 100 g Blattspinat
- 50 g grob gehackter Grünkohl
- 1 bis 2 TL Garam-Masala-Gewürzmischung
- Frische Korianderblätter zum Garnieren

Ich liebe Dal! In Indien habe ich mich in das Gericht verliebt, und seitdem kriege ich nicht genug davon. Die Kombination von Spinat und Grünkohl mag ich besonders gern, weil der Spinat zusammenschrumpft, bis er kaum noch da ist, und der Grünkohl schön in Form bleibt. Die beiden ergänzen sich einfach. Außerdem zählt Grünkohl zur Kohlfamilie, und er mag roh zwar fürchterlich schmecken, aber gekocht ist er doch ziemlich lecker.

Die Linsen in einem Sieb mit kaltem Wasser abspülen, bis dieses klar hindurchfließt. Öl oder Ghee bei mittlerer Temperatur in einem mittelgroßen Topf erhitzen.

Zwiebel hinzugeben und die Hitze etwas reduzieren. 10 Minuten lang anbraten. Knoblauch schälen und pressen, dann gemeinsam mit dem Ingwer hinzugeben. Unter Rühren 1 Minute lang anbraten.

Die restlichen Gewürze (außer Garam Masala) hinzugeben und eine weitere Minute lang braten. Den Gemüsebrühwürfel in 500 ml kochendem Wasser auflösen und dann gemeinsam mit den Linsen in den Topf geben.

Bei niedriger Temperatur 5 Minuten lang kochen lassen, dann die gewürfelte Tomate hinzugeben. Nach weiteren 5 Minuten Spinat und Grünkohl hinzugeben. Weitere 5 Minuten kochen (bis die Linsen gar sind).

Den Herd abschalten und Dal mit Salz und Garam Masala würzen. Abschmecken und eventuell weiteres Salz und Garam Masala hinzugeben. Mit frischem Koriander servieren.

BUTTERNUSSKÜBIS MIT MEDITERRANER FÜLLUNG

4 PERSONEN

- 1 Butternusskürbis (circa 1,2 kg), halbiert und entkernt
- Olivenöl
- 100 g Quinoa (oder 200 g gekochtes Getreide)
- 1 Zitrone, halbiert und gewaschen
- 120 g Feta
- 80 g getrocknete Tomaten
- 400 g Kichererbsen aus der Dose, abgegossen und gewaschen
- 30 g Blattspinat
- Salz und Pfeffer

Kürbisse und Zitronen zählen aus unerfindlichen Gründen zu den besonders beliebten »Detox«-Lebensmitteln. Ich vermute, dass das mit ihrem Vitamin-C-Gehalt zu tun hat, da Vitamin C nahezu kultisch verehrt wird. Es stimmt schon, dass Vitamin C wichtig für die Funktionsweise der Leber ist, und da der Körper es nicht selbst produzieren kann, muss es über die Nahrung aufgenommen werden. Wenn das bedeutet, dass man hin und wieder Butternusskürbisse essen sollte, bin ich sehr damit einverstanden. Und ich fange direkt mal mit diesem Gericht hier an.

Den Ofen auf 220 °C Ober-/Unterhitze (220 °C Umluft) vorheizen.

Die Kürbishälften mit Olivenöl beträufeln und anschließend für 30 Minuten im Ofen garen, bis der Kürbis weich ist. In der Zwischenzeit die Quinoa nach Packungsanleitung zusammen mit der Zitronenhälfte in gesalzenem Wasser garen.

Feta, getrocknete Tomaten und Blattspinat in kichererbsengroße Stücke hacken. Die Kichererbsen abgießen und mit klarem Wasser abspülen. Alle vier Zutaten zu der gekochten Quinoa hinzugeben und gut verrühren. Die Zitrone aus dem Topf nehmen.

Mit Salz und Pfeffer sowie dem Saft der zweiten Zitronenhälfte würzen. Den gegarten Kürbis mit dem Quinoa-Gemisch befüllen und servieren.

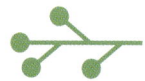

TIPP Höhle den Kürbis etwas tiefer aus, wenn du mehr Füllung hineingeben möchtest. Das überschüssige Kürbisfleisch kannst du für einen Salat oder anstelle von Süßkartoffeln für eins der anderen hier erwähnten Rezepte benutzen.

SÜSSKARTOFFEL-MASALA-DOSA

ERGIBT 6 STÜCK

- 100 g Kichererbsenmehl
- 100 g Weizenmehl
- 200 ml Milch (egal welche)
- Salz
- 750 g Süßkartoffeln
- Pflanzenöl
- 1 Zwiebel (circa 100 g), geschält und fein gewürfelt
- 4 Knoblauchzehen
- 1 EL gemahlener Ingwer oder 4 cm frischer Ingwer, gerieben
- Ein kleines Bund Koriander, die Blätter abzupfen und die Stängel fein hacken
- 2 TL Kurkuma
- 1 TL gemahlener Koriander
- 1 TL Garam-Masala-Gewürzmischung

Zwiebeln und Knoblauch — da sind sie wieder. Hast du schon bemerkt, dass sie ein wiederkehrendes Thema in diesem Kapitel sind? Sie sind einfach verdammt großartig, und die vor Vitamin A strotzenden Süßkartoffeln (das ist ein Antioxidans) schaden deiner Leber bestimmt auch nicht. Wenn du noch nie zuvor Dosa probiert hast, kannst du dich auf etwas Großartiges gefasst machen!

Den Ofen auf 220 °C Ober-/Unterhitze (220 °C Umluft) vorheizen.

Die beiden Mehle, die Milch, eine Prise Salz und 300 ml Wasser vermischen und beiseitestellen. Das ist der Dosa-Teig.

Süßkartoffeln schälen und würfeln, dann mit Öl und Salz würzen und für 20–30 Minuten im Ofen garen, bis die Würfel schön weich sind.

Einen Schuss Öl in einer großen Pfanne erhitzen. Zwiebel und gepresste Knoblauchzehen hinzugeben und für 5 Minuten anbraten.

Ingwer, gehackte Korianderstängel, Kurkuma und gemahlenen Koriander in die Pfanne geben und eine Minute lang anbraten. Dann 100 ml Wasser hinzugeben und gut verrühren.

Die gegarten Süßkartoffeln in die Pfanne geben und grob stampfen.

Garam Masala und Korianderblätter hinzugeben und nach Geschmack würzen. Dann das Gemisch in eine Schüssel umfüllen.

Die Pfanne säubern und anschließend einen Schuss Olivenöl hineingeben. Gründlich mit Küchenkrepp in der Pfanne verteilen.

FORTSETZUNG
SÜSSKARTOFFEL-MASALA-DOSA

Eine Kelle Dosa-Teig in die Pfanne geben, sodass der Boden geradeso bedeckt ist. Sobald die Teigoberfläche nahezu durchgebacken ist, einen großen Löffel Süßkartoffelfüllung in gerader Linie in die Mitte geben.

Wenn der Dosa schön gebräunt und knusprig aussieht, vorsichtig mit einem Pfannenwender eine Seite über die Füllung klappen, dann in der Pfanne einrollen (wie eine sehr heiße Fajita), sodass die Naht nach unten zeigt. Eine weitere Minute lang garen und dann auf einen Teller geben.

Prozedur für die weiteren Dosa wiederholen.
Die fertigen Dosa in der Zwischenzeit im Ofen warm halten.

TIPP Mit indischen Chutneys und Raita servieren für die Leute, die es nicht so gern scharf mögen.

DAS ULTIMATIVE VEGGIE-FRÜHSTÜCK

1 PERSON

- 1 Scheibe Sauerteigbrot
- Olivenöl
- 80 g Tomaten
- ½ große Avocado
- Salz und Pfeffer
- 3 Scheiben Halloumi
- 1 bis 2 mittelgroße Eier
- Kaffee!

Wenn du verkatert bist und deinen Körper vom Alkohol »entgiften« möchtest, sollte das hier das Frühstück deiner Wahl sein. Es ist unmöglich, den Stoffwechsel zu beschleunigen und den Alkoholabbau zu beflügeln, aber du kannst deinem Körper immerhin all die Nährstoffe zuführen, die er dafür braucht. Dieses Gericht bietet dir Kohlenhydrate vom Brot, Fette dank der Avocado und des Halloumis, Protein von den Eiern und Lycopin von den Tomaten. Lycopin ist der sekundäre Pflanzenstoff und das Antioxidans, das die Tomaten rot und deine Leber glücklich macht.

So, jetzt musst du multitasken: Eine große Pfanne bei mittlerer Hitze erwärmen, einen kleinen Topf Wasser zum Kochen bringen und den Kaffee vorbereiten.

Brot toasten.

Ein wenig Olivenöl in eine Hälfte der Bratpfanne geben.

Tomaten grob würfeln und in der Pfannenseite mit dem Öl anbraten.

Die Avocado auf dem Toast zerdrücken und mit Salz und Pfeffer würzen.

Hitze unter der Pfanne reduzieren und den Halloumi in den ölfreien Teil der Pfanne geben. Von beiden Seiten für ein paar Minuten anbraten.

Ei(er) ins kochende Wasser schlagen und für 3 Minuten pochieren, bis das Eiweiß stockt.

Alles auf einen Teller geben und sofort aufessen.

Fette

DER MYTHOS VOM »BÖSEN« FETT

Wir mögen es unkompliziert, wenn es um Ernährung geht: Ein einziges Lebensmittel soll Gesundheit verheißen, und eine bestimmte Ernährungsweise soll uns von allen Gebrechen heilen oder vor Krankheiten schützen. Zu diesem Denken tendieren wir einfach. Nach einer Weile erkennt man ein Muster in den Schlankheitskuren: kohlenhydratreich und fettarm gefolgt von kohlenhydratarm und fettreich, und das in ewiger Wiederholungsschleife. Dieses Konzept taucht immer wieder unter verschiedenen Namen auf. In den 1980er-Jahren war man davon überzeugt, dass Fett die Wurzel allen Übels ist. Diese Vermutung wirkt sich bis heute auf unsere Ernährungsgewohnheiten aus.

Lass uns also über Fette reden.

Fetten kommen die verschiedensten Aufgaben im Körper zu. Jede Körperzelle ist von einer Lipid-Zellmembran umhüllt, die Fette und Cholesterin enthält. So wird reguliert, was in die Zelle hineindarf und was herauskommt. Deine Nervenzellen sind zusätzlich noch von Myelin ummantelt, was die Fähigkeit für elektrische Signale verbessert. Bei differenzierter Betrachtung erkennt man, wie wichtig Fette für die Isolierung und den Schutz lebenswichtiger Organe sind. Sie bilden außerdem eine Schutzbarriere für deine Haut und setzen chemische Reaktionen in Gang, die wichtig für das Wachstum und die Immunabwehr sind. Fettlösliche Vitamine werden in der Leber gespeichert, und deine Sexualhormone werden aus Cholesterin gemacht. Kurz gesagt: Du brauchst Fett, um zu leben.

 ## FETTE UND HERZGESUNDHEIT

Die meisten Leute haben schon einmal einen Bluttest gemacht, um ihre Cholesterinwerte bestimmen zu lassen. Ich selbst habe das schon unzählige Male hinter mich gebracht. Wenn du das noch nie getan hast, kannst du dich schon einmal darauf einstellen, was im Alter auf dich wartet. Cholesterin wird vom Körper hergestellt und durch die Leber reguliert, aber es kann auch über die Nahrung aufgenommen werden. Wenn du deine Cholesterinwerte überprüfen lässt, zeigen die Ergebnisse die Höhe von LDL-Cholesterin (LDL = *low density lipoprotein*), HDL-Cholesterin (HDL = *high density lipoprotein*) und Triglyceriden (Neutralfette) in deinem Blut an. Ich werde die Begriffe »Triglyceride« und »Fette« der Einfachheit halber im folgenden Text synonym verwenden.

Lipoproteine sind komplexe Partikel mit einer Proteinhülle auf der Außenseite und Lipiden (Fetten) auf der Innenseite (daher *Lipo-Protein*). Wir brauchen sie, um Fette durch den Körper zu transportieren, denn Blut ist eine wasserbasierte Flüssigkeit, und Wasser und Fett vermischen sich nicht. Es gibt fünf verschiedene Gruppen von Lipoproteinen: Chylomikron, VLDL, LDL, HDL und IDL. Jede dieser Gruppen transportiert Fette in der Blutbahn.

- Chylomikronen und VLDLs liefern Fette an verschiedene Zellen im Körper.
- LDLs liefern Cholesterin an Zellen im Körper.
- HDLs nehmen überschüssiges Cholesterin im Körper auf und transportieren es zurück zur Leber, damit es entweder wiederverwertet oder ausgeschieden wird.

Einer der Gründe, warum LDL mit Herzerkrankungen in Verbindung gebracht wurde, ist eine genetische Veranlagung namens familiäre Hypercholesterinämie (FH). Menschen, die unter FH leiden, haben sehr hohe LDL-Werte im Blut und sind einem höheren Risiko ausgesetzt, schon in jungen Jahren einen Herzinfarkt zu erleiden. Der hohe LDL-Wert im Blut ist auf einen genetischen Defekt und nicht auf einen bestimmten »Lebenswandel« zurückzuführen.

Erhöhte LDL-Werte führen oft zu Arteriosklerose und Herzerkrankungen. Die genaue Ursache von Arteriosklerose ist allerdings bisher unbekannt. Es wird vermutet, dass Schäden in den Wandschichten arterieller Blutgefäße verantwortlich sind. So können

LDL in die Gefäße eindringen, sich dort einlagern und Plaques bilden. Wir wissen, dass sich Plaques aus Fett, Cholesterin, Kalzium und ein paar weiteren Substanzen zusammensetzen. Sie härten im Laufe der Zeit immer weiter aus und führen dazu, dass sich die Arterien verengen. Wenn eine Arterie vollständig blockiert ist, kann das zum Herzinfarkt oder Schlaganfall führen.

Das ist der Grund, warum LDL als »schlechtes« Cholesterin betrachtet wird und HDL, das überschüssiges Cholesterin entfernt, als »gutes« Cholesterin. Tatsächlich brauchen wir ein wenig von beidem und von HDL etwas mehr als von LDL. Das größte Risiko für einen Herzinfarkt besteht bei hohen LDL-, niedrigen HDL- und hohen Triglycerid-Werten [1]. Doch wie hängt das mit unserer Ernährung zusammen?

Fette aus Lebensmitteln wirken sich auf den LDL-Spiegel im Blut und somit auf das Risiko einer Herzkrankheit aus. Transfette haben eine negative Wirkung und erhöhen das Risiko, wohingegen ungesättigte Fette eine positive Wirkung haben und das Risiko verringern [2].

Transfette entstehen, wenn Öl hydriert wird, wodurch es aushärtet. Sie werden durchweg mit einem erhöhten Risiko für Herzerkrankungen in Verbindung gebracht [3], da sie den LDL-Wert erhöhen, den HDL-Wert senken und den Triglycerid-Wert nach oben schießen lassen. Sie fördern auch Entzündungen im Körper. In Großbritannien wurden Transfette zum Glück stark reduziert. Seit 2007 werden Lebensmittel, die Transfette enthalten, nicht länger in Supermärkten verkauft. Viele Unternehmen haben sie aus ihren Produkten entfernt oder drastisch reduziert.

Vielleicht ist dir aufgefallen, dass ich gesättigte Fettsäuren bisher noch nicht erwähnt habe. Das habe ich bewusst vermieden, weil ich glaube, dass, gesättigte Fettsäuren und Transfette im gleichen Atemzug zu nennen, schnell bedeuten kann, dass die Mär von »ungesättigt = gut« und »gesättigt = schlecht« weiter unterfüttert wird. Es ist doch ein bisschen komplexer. Gesättigte Fettsäuren sind nicht automatisch schlecht für uns, das hängt vom Kontext ab. Aber damit du mich nicht falsch verstehst: Eine Ernährung, deren Energiegewinnung zu einem hohen Prozentsatz aus gesättigten Fettsäuren besteht, wird mit einem erhöhten Risiko für Herzerkrankungen in Verbindung gebracht. Untersuchungen belegen, dass eine Reduzierung der gesättigten Fettsäuren in Relation zur gesamten Fettaufnahme einen positiven Effekt hat [4] (aber nicht die Reduktion der ge-

PIXIE-TIPP
Wenn einige der Begriffe dir nicht bekannt vorkommen, kannst du noch einmal in Kapitel 2 den Abschnitt über Fette lesen!

samten Fettaufnahme an sich!). Entscheidend ist jedoch, womit wir sie ersetzen: Ungesättigte Fettsäuren wirken sich wesentlich positiver aus als einfache Kohlenhydrate (z. B. Zucker).

Du hast bestimmt bemerkt, dass keine der Studien darauf verweist, was passiert, wenn man gänzlich auf gesättigte Fette verzichtet. Das liegt daran, dass das fast unmöglich ist. Wir stellen Nahrungsgruppen gerne nach Fetttypen zusammen: Avocado = ungesättigt, Käse = gesättigt. Doch sogar Lebensmittel wie Avocados oder Olivenöl enthalten gesättigte Fettsäuren. Du kannst sie nicht vermeiden, sie kommen in so ziemlich jedem Lebensmittel vor, das Fett enthält! Deshalb wird empfohlen, dass gesättigte Fettsäuren idealerweise weniger als 10 % der täglichen Energiezufuhr ausmachen sollten. Im Hinblick auf die gesamte Ernährung, in der gesättigte Fettsäuren lediglich einen kleinen Bestandteil des gesamten Fettkonsums ausmachen, ist das schon in Ordnung.

Man sollte außerdem nicht vergessen, dass man diese Nährstoffe nicht einzeln zu sich nimmt. Die Quelle dieser Fette macht einen Unterschied. Wenn du beispielsweise ein Stück Käse isst, nimmst du zwar gesättigte Fettsäuren zu dir, aber eben auch Protein und Kalzium. Einige Studien belegen sogar, dass Milchprodukte das Risiko eines Herzinfarkts nicht erhöhen. Sie senken es jedoch auch nicht, sind also ziemlich neutral [5]. Der Verzehr eines Käsewürfels unterscheidet sich jedoch stark vom Verdrücken einer Maxi-Pizza mit extra viel Fleischbelag. Die Pizza bringt diverse Quellen gesättigter Fettsäuren mit sich und übersteigt höchstwahrscheinlich das empfohlene Tagesmaximum. Ab und an eine zu essen ist kein Problem. Aber wenn du jeden Tag so etwas zu dir nimmst, erhöht sich das Risiko für Herzkrankheiten.

Wenn wir in unserer Ernährung einige der gesättigten Fettsäuren durch ungesättigte austauschen, verringern wir das Risiko für Herzerkrankungen [4, 5], insbesondere wenn wir relativ viele gesättigte Fette zu uns nehmen. Das kann so einfach sein, wie Butter durch Olivenöl zu ersetzen.

Es gibt eine recht plausible Vermutung, laut der eine Ernährung, die reich an gesättigten Fettsäuren ist, die LDL-Werte im Blut und so das Risiko, an einer Herzerkrankung zu leiden, erhöht. Eigentlich sind sich die meisten Wissenschaftler diesbezüglich einig, doch die Wenig-Kohlenhydrate-kein-Zucker-Aktivisten erheben Einwände. Erst kürzlich gab es Kritik an der *American Heart Association* (AHA), und man warf dem Verein vor, dass

Fast alle fetthaltigen Lebensmittel enthalten sowohl gesättigte als auch ungesättigte Fettsäuren – das gilt sogar für Avocados.

der Appell, weniger gesättigte Fette zu sich zu nehmen, von einer aus den 1980er-Jahren herrührenden Voreingenommenheit gegenüber Fett stamme. Ich glaube nicht, dass diese Behauptung gerechtfertigt ist. Die AHA steht mit diesem Verdacht nicht alleine da. Viele unabhängige Experten und Gremien sind anhand wissenschaftlicher Untersuchungen zu dem gleichen Schluss gekommen. Du kannst mich ruhig als zynisch bezeichnen, aber ich glaube, dass Menschen, die sich für eine kohlenhydratarme, aber fettreiche Ernährung einsetzen, nicht gerade offen für Beweise sind, die die Verbindung zwischen Fett und Herzkrankheiten belegen.

Früher wurde angenommen, dass Cholesterin das Herzrisiko erhöht, aber so einfach ist das nicht. Denn obwohl beispielsweise Eigelb Cholesterin enthält, wird Eierkonsum nicht mit erhöhten Risiken für das Herz in Verbindung gebracht [6]. Die Low-Carb-Brigade zitiert diese Ungenauigkeit gerne und bezeichnet sie als »plötzlichen Sinneswandel« (der übrigens erst nach neuen wissenschaftlichen Erkenntnissen stattgefunden hat) und versucht, die Sache so zu drehen, dass wir auch hinsichtlich gesättigter Fettsäuren falschliegen. Aber darum geht es eigentlich nicht. Jedes Jahr gibt es neue Studien über gesättigte Fette, und der wissenschaftliche Konsens bleibt bestehen, weil die Erkenntnisse unsere Theorie unterstützen. So funktioniert die Wissenschaft.

Es gibt Studien, die belegen, dass eine kohlenhydratarme Ernährung LDL-Cholesterinwerte weder erhöht noch senkt [7], aber sie gehen nicht darauf ein, dass nicht ALLE Fette das Risiko erhöhen, sondern nur hohe Mengen gesättigter Fettsäuren. Und obwohl man annehmen könnte, Low-Carb-Diäten seien arm an gesättigten Fettsäuren, entspricht das nicht zwangsläufig der Wahrheit. Die Studienteilnehmer nahmen meist stark ab, und eine Gewichtsreduktion senkt sowohl den LDL-Cholesterinwert als auch das Herzrisiko.

Ich möchte jedoch keineswegs behaupten, dass wir viel weniger Fett zu uns nehmen und auf eine fettarme Ernährung setzen sollten. Die mediterrane Küche ist beispielsweise bekannt dafür, wie gesund sie ist, und sie ist weder besonders fettarm noch besonders fettreich. Die Speisen weisen einen moderaten Fettgehalt auf und beinhalten teilweise auch gesättigte Fettsäuren, wie zum Beispiel Käse. Das zeigt mal wieder, dass ein ganzheitlicher Ernährungsansatz wichtiger ist, als einfach nur von »den guten ungesättigten Fettsäuren« und den »schlechten gesättigten Fettsäuren« zu sprechen.

Ein ganzheitlicher Ernährungsansatz ist wichtiger, als einfach nur von »ungesättigten Fetten = gut« und »gesättigten Fetten = schlecht« zu sprechen.

DER KOKOSÖL-MYTHOS

Da wir gerade über gesättigte Fettsäuren sprechen, sollten wir uns dringend auch über Kokosöl unterhalten. Insbesondere, da es dazu so viele Heilsversprechen gibt – die jedoch zu zahlreich und zu dämlich sind, um detailliert darauf einzugehen.

Kokosöl besteht zu 85 % aus gesättigten Fettsäuren, wovon der größte Teil Laurinsäure ist. Dennoch hat es dank cleverer Marketingstrategien irgendwie den »Superfood«-Status erreicht. Kokosöl wird durch Prominente (und Lifestyle-Blogger) beworben, profitiert von übertriebenen wissenschaftlichen Behauptungen, die ihm die Illusion von Glaubwürdigkeit verpassen, wirkt herrlich natürlich (es ist so rein!) und hat einen Hauch von Exotik, der an glücklichere Zeiten irgendwo am Strand erinnert.

Die gesättigten Fettsäuren des Kokosöls sind nichts »Besonderes«, auch nicht in Hinsicht auf das Herzinfarktrisiko. Wissenschaftliche Erkenntnisse unterstützen die populäre Behauptung, Kokosöl sei ein gesundes Öl, das das Risiko von Herzinfarkten verringere, nicht [8].

Viele dieser Behauptungen wurden anhand von Studien über mittelkettige Triglyceride (MCTs) hochgerechnet. Das sind gesättigte Fettsäuren mit 6 bis 10 Kohlenstoffatomen. Laurinsäure, der Hauptbestandteil des Kokosöls, setzt sich aus 12 Kohlenstoffatomen zusammen und wird daher nicht als »echter« MCT anerkannt [9]. Er verhält sich auch anders im Körper, weswegen MCT-Öl keine Laurinsäure enthält. So gesehen enthält Kokosöl nur 5–10 % MCTs, und es ist etwas weit hergeholt, die Vorzüge der MCTs mit Kokosöl in Verbindung zu bringen. MCTs werden als »fettverbrennendes Fett« beschrieben, da sie schnell in Energie umgewandelt statt im Körper eingelagert werden. Sie erhöhen außerdem den HDL-Spiegel. Das sind alles tolle Qualitäten, aber Kokosöl enthält so wenig MCTs, dass es kaum Anspruch darauf erheben kann.

Kokosöl ist weder »gut« noch »schlecht«, aber man sollte es nicht übermäßig konsumieren. Es enthält einen hohen Anteil gesättigter Fettsäuren, und ich kann daher nicht guten Gewissens empfehlen, es wie manch ein Wellness-Blogger jeden Morgen als Kaffeezusatz zu trinken. Das Gleiche gilt übrigens auch für Butter. Das Ganze klingt nicht nur absolut ekelhaft, sondern bringt deiner Gesundheit auch herzlich wenig. Kokosöl ist allerdings ein toller Make-up-Entferner, das muss ich zugeben.

UNGESÄTTIGTE FETTSÄUREN – DIE »GESUNDEN« FETTE?

Kommen wir von den gesättigten Fettsäuren zu den ungesättigten.

Ungesättigte Fettsäuren werden als die Guten gesehen. Das sind die »gesunden Fette«, von denen du bestimmt schon einmal auf Instagram gelesen hast (auch wenn die Autoren der Artikel wahrscheinlich selbst nicht genau wissen, was sie damit meinen). Ungesättigte Fettsäuren können einfach oder mehrfach ungesättigt sein und befinden sich in Nahrungsmitteln wie Pflanzenölen, Nüssen, Avocados und öligem Fisch.

Lass uns zunächst einmal über Entzündungen sprechen. Zu Entzündungen kommt es nach Verletzungen, bakteriellen Infekten oder anderen Mikrotraumata wie beispielsweise Allergien. Sie sind heiß, gerötet, geschwollen, schmerzen und führen zu funktionalen Einschränkungen. Deine Arterien weiten sich, um mehr Blut durchzulassen, und weiße Blutkörperchen sammeln sich am Entzündungsherd, um Fremdkörper zu vernichten. Dabei bringen sie Flüssigkeit mit sich, die Schwellungen verursacht. Denk an das letzte Mal, als du dich verbrannt oder geschnitten hast. Du hast wahrscheinlich die meisten, wenn nicht gar alle Symptome zu spüren bekommen. Die normale Körperreaktion auf Entzündungen ist überlebenswichtig. Das Ziel einer Entzündung ist es, das Gewebe zwecks Wundheilung zu töten, zu verdünnen oder vom Rest abzuschirmen. Darauf folgt eine entzündungshemmende Reaktion. Probleme entstehen, wenn zu viel oder zu wenig entzündet ist.

Omega-3-Fettsäuren gelten als entzündungshemmend, Omega-6-Fettsäuren hingegen als entzündungsfördernd. Diese grobe Unterteilung hilft jedoch nicht besonders viel, da die Realität nicht ganz so unkompliziert aussieht. Die regelmäßige Zuführung von Omega-3- und auch Omega-6-Fettsäuren wird mit niedrigeren Entzündungsmarkern in Verbindung gebracht, und beide weisen entzündungshemmende Wirkungen auf, wobei Omega-3-Fettsäuren die Omega-6-Fettsäuren dabei nicht übertreffen. Ein erhöhter Konsum von sowohl Omega-3-Fettsäuren als auch Omega-6-Fettsäuren wird mit einem verringerten Risiko für Herzkrankheiten assoziiert [10].

Die meisten von uns werden durch ihre Ernährung und den Konsum von Pflanzen-

PIXIE-TIPP
Sowohl Omega-3- als auch Omega-6-Fettsäuren haben entzündungshemmende Eigenschaften.

und Olivenöl anständig mit Omega-6-Fettsäuren versorgt. Aber wir könnten vielleicht etwas mehr Omega-3-Fettsäuren vertragen. Die stecken zum Beispiel in Leinsamen, Walnüssen und fettigem Fisch. Das bedeutet jedoch nicht, dass Omega-6-Fettsäuren »schlecht« für dich sind oder dass Pflanzenöle »schlecht« sind und vermieden werden sollten. Das Konzept der »entzündungshemmenden Spezialdiät« ist ein bisschen albern, weil man sich schon korrekt ernährt, wenn man auf eine ausgewogene Ernährung achtet. Die kann auch Pflanzenöle mit einschließen.

Seltsamerweise wird in der Wellness-Blogger-Szene immer wieder vom »supergesunden« nativen Olivenöl gesprochen, und Pflanzenöle werden als weniger gut abgetan. Aber die meisten Pflanzenöle im Supermarkt bestehen ausschließlich (oder doch nahezu ausschließlich) aus Rapsöl, das einen höheren Anteil Omega-3-Fettsäuren als Olivenöl aufweist. Raps- und andere Pflanzenöle werden immer wieder als »verarbeitet« verteufelt. Doch alle Öle werden auf die ein oder andere Weise verarbeitet. Ich muss den Panikmachern widersprechen: Rapsöl wird mit einer ganzen Reihe an gesundheitlichen Vorteilen in Verbindung gebracht [11], wie zum Beispiel der Senkung des Cholesterinspiegels oder der Verbesserung der Insulinsensitivität.

 ## HEISSE DISKUSSIONEN UMS ÖL

Als Rauchpunkt wird die Temperatur bezeichnet, bei der ein Öl anfängt zu brennen und zu rauchen. Das Überschreiten des Rauchpunkts lässt Essen verbrannt schmecken, zerstört nützliche sekundäre Pflanzenstoffe und kann zur Oxidation führen. Bei diesem Vorgang wird die chemische Struktur des Öls verändert, wobei sich schädliche Stoffe absetzen können.

Wenn du etwas in der Pfanne zubereitest, steigt die Temperatur im Normalfall nicht über 120 °C. Im Backofen hingegen kommt es ganz auf die Temperatureinstellung an. Je raffinierter ein Öl ist, desto höher ist auch sein Rauchpunkt. Das liegt daran, dass weniger Verunreinigungen im Öl vorhanden sind. Der Rauchpunkt hängt jedoch auch von anderen Faktoren ab, wie beispielsweise dem Volumen des Öls und der Pfannengröße.

Ich habe schon oft gelesen, dass Olivenöl nur für Dressings empfohlen wird und dass aufgrund seines niedrigen Rauchpunkts davon abgeraten wird, damit zu kochen. Aber das ist Quatsch. Natives Olivenöl hat einen Rauchpunkt zwischen 160 und 200 °C, man kann also sehr gut damit kochen. Je nach Art des Olivenöls kann es sogar einen höheren Rauchpunkt als Kokosöl haben. Mach dich also bitte nicht wegen der Art des Öls, das du in der Küche verwendest, verrückt. Nimm einfach das, was am besten schmeckt und gerade zur Hand ist. Das einzige Öl, mit dem ich wirklich nicht kochen würde, ist Leinsamenöl, da es einen ausgesprochen niedrigen Rauchpunkt hat. Das solltest du tatsächlich besser für Dressings aufheben.

 ## DIE GROSSE »ZUCKER VS. FETT«-DEBATTE

Viele Mode-Diäten beruhen auf der Vorstellung, dass es ein ideales Verhältnis von Makronährstoffen gibt, und der Streit um Kohlenhydrat- oder Fettreduktion währt gefühlt schon seit Urzeiten. Der Fokus liegt immer wieder auf dem Körpergewicht, da der Erfolg einer Diät eher am Gewichtsverlust als am Gesundheitsgewinn gemessen wird.

Es ist bequem und einfach zu glauben, dass ein einziger Nährstoff für alle chronischen Gesundheitsprobleme verantwortlich ist. Du weißt hoffentlich inzwischen, dass es nie so einfach ist und dass sogar ein Makronährstoff nicht als Kompletteinheit gesehen werden kann, weil nicht alle Fette und nicht alle Kohlenhydrate den gleichen Effekt auf den Körper haben. Den Fettkonsum allgemein zu reduzieren ist wenig sinnvoll, da einfach und mehrfach gesättigte Fettsäuren einen klaren Nutzen haben. Das Gleiche gilt für Kohlenhydrate, da beispielsweise Vollkornprodukte nützliche Ballaststoffe enthalten.

Schon vor Jahrzehnten empfahlen öffentliche Ernährungsrichtlinien, weniger gesättigte Fettsäuren zu konsumieren. Trotzdem steigt die Zahl der Übergewichtigen immer weiter und auch Stoffwechselkrankheiten werden immer häufiger.

Stoffwechselkrankheiten können diverse Symptome mit sich bringen, wie beispielsweise erhöhten Blutdruck, erhöhte Blutzuckerwerte, erhöhte Cholesterin- und Triglycerid-Werte, und sie steigern das Risiko für Herzkrankheiten und Typ-2-Diabetes. Als Nächstes wurde behauptet, Zucker sei schuld. Es wurde angenommen, dass die Menschen seit der Empfehlung, weniger gesättigte Fettsäuren zu sich zu nehmen, nun zu viel einfache Kohlenhydrate konsumieren würden (stimmt manchmal, aber nicht immer). Doch obwohl der Zuckerkonsum in Großbritannien seit 1992 immer weiter abnimmt, steigt die Rate der Fettleibigkeit immer weiter an [12]. Wie kann das sein, wenn man den Zucker für alles verantwortlich macht? Nun ja, offensichtlich kann das nicht stimmen. Es wurde wissenschaftlich belegt, dass Gewichtszunahmen und Stoffwechselerkrankungen NICHT allein auf den Zuckerkonsum zurückzuführen sind [13]. Zucker durch andere Makronährstoffe zu ersetzen, dabei jedoch die Kalorienzufuhr beizubehalten hat keinerlei Einfluss auf das Körpergewicht. Zucker kann einen Beitrag leisten, ist aber nicht die einzige Ursache.

Die gleichen Leute, die uns wegen der Annahme, ein einziger Nährstoff (gesättigte Fettsäuren) verursache zahlreiche Probleme, als dumm bezeichnet haben, machen jetzt einen anderen singulären Nährstoff (Zucker) für alle Beschwerden verantwortlich. Toll! Das klingt echt superlogisch. Ich bin froh, dass so viel dazugelernt wurde.

Fettarm, kohlenhydratarm oder irgendwas dazwischen: Mach das, was für dich passt. Aber bitte gib nicht vor, es wäre das einzig Richtige. Ich bin immer für einen Mittelweg und mag Kompromisse. Moderation spricht mich an, wie beispielsweise die der mediterranen Küche. Die folgenden Rezepte werden das zeigen. Auch Speisen mit gesättigten Fettsäuren, wie zum Beispiel Käse, kommen dort vor – denn ich habe keine Angst vor ein bisschen Käse. Eigentlich liebe ich Käse sogar und konnte nicht widerstehen, meine Lieblingszutaten in die Rezepte einzubauen. Natürlich kommen aber auch zahlreiche Quellen ungesättigter Fettsäuren vor!

Die gleichen Leute, die uns wegen der Annahme, ein einziger Nährstoff (gesättigte Fettsäuren) verursache zahlreiche Probleme, als dumm bezeichnet haben, machen jetzt einen anderen singulären Nährstoff (Zucker) für alle Beschwerden verantwortlich. Toll, dass man so viel dazugelernt hat.

SPARGEL-ERBSEN-TARTE

4 PERSONEN

- 1 fertiger Blätterteig (circa 320 g)
- 1 mittelgroßes Ei, verquirlt
- 250 g Ricotta
- ½ Zitrone, abgerieben und gepresst
- 1 EL Olivenöl (und ein wenig mehr als Topping)
- 1 kleine Knoblauchzehe
- 1 Zweig frische Minze
- 1 Zweig frisches Basilikum
- Salz und Pfeffer
- 500 g grüner Spargel, Enden entfernt
- 100 g gefrorene Erbsen
- 50 g Erbsensprossen

Ricotta ist bestimmt nicht der spannendste Käse, aber er schmeckt in Kombination mit Zitrone, Knoblauch und Kräutern einfach fantastisch. Es stimmt, dass er gesättigte Fettsäuren enthält, aber das heißt nicht, dass du ihn nicht hin und wieder genießen darfst. Vor allem, wenn so leckeres Gemüse dabei ist!

Den Ofen auf 200 °C Ober-/Unterhitze (180 °C Umluft) vorheizen. Auf einer flachen Unterlage Backpapier auslegen und den Blätterteig darauf ausbreiten. Mithilfe eines Messers rundherum einen 2 cm breiten Rand in den Blätterteig ritzen, anschließend den kompletten Blätterteig mit dem verquirlten Ei bestreichen. Vorsichtig auf einem Backblech platzieren und circa 15 Minuten lang backen, bis der Blätterteig aufgeht und goldbraun ist.

Ricotta, Zitronensaft und -abrieb, Öl, Knoblauch, Minze und Basilikum zu einer glatten Paste pürieren. Je nach Geschmack würzen.

Einen mittelgroßen Topf mit gesalzenem Wasser aufkochen. Spargel hineingeben und 3 Minuten lang garen (Schritt bei sehr feinem Spargel überspringen oder falls du ihn ein bisschen knackiger magst).

Den gegarten Spargel in eine heiße Grillpfanne geben. Mit Olivenöl besprenkeln und von allen Seiten anbraten. Erbsen in das Spargelwasser geben und 3 Minuten kochen, bis die Erbsen an der Oberfläche treiben.

Den Blätterteig aus dem Ofen holen und vorsichtig das mittlere Rechteck herunterdrücken, sodass der Rand stehen bleibt. Die Ricottapaste gleichmäßig im mittleren Teil verteilen, den Spargel und anschließend die Erbsen obenauf legen. Kurz vor dem Servieren mit Erbsensprossen garnieren.

AUBERGINEN-HALLOUMI-WICKEL

2 PERSONEN

- 1 Aubergine (circa 300 g)
- Olivenöl
- Salz und Pfeffer
- 200 g Halloumi
- Pro Auberginen-Wickel eine kleine Handvoll frische Basilikumblätter
- 50 g Salatblätter
- 100 g Tomaten
- 1 EL Rapsöl
- 1 EL Balsamicoessig

Halloumi zählt zu meinen liebsten Käsesorten (jeder hat doch seine Favoriten, oder?), aber er wird gummiartig, wenn man ihn nach dem Braten abkühlen lässt. Also solltest du ihn möglichst schnell essen! Wie bereits erwähnt, kann die ungesättigte Fettsäure im Käse in Bezug auf Herzerkrankungen ganz neutral ausfallen. Es kommt auf das Beiwerk an. Halloumi mit Zutaten wie Aubergine, Basilikum, Öl und Tomaten zu kombinieren macht ihn zu einem tollen mediterranen Essen!

Den Ofen auf 220 °C Ober-/Unterhitze (200 °C Umluft) vorheizen.

Die Aubergine der Länge nach in 5 mm breite Scheiben schneiden. Eine mit Olivenöl bepinselte Grillpfanne aufheizen, dann die Auberginenscheiben von beiden Seiten anbraten und beidseitig mit Salz und Pfeffer würzen. Anschließend abkühlen lassen.

Den Halloumi in Scheiben schneiden und von beiden Seiten in der Grillpfanne anbraten, anschließend beiseitestellen.

Je eine Halloumischeibe auf eine Auberginenscheibe legen, das Basilikum obenauf legen, zusammenrollen und auf ein mit Backpapier ausgelegtes Ofenblech legen. Anschließend für 10 Minuten backen.

In der Zwischenzeit aus den Salatblättern, den Tomaten und allem, was du sonst noch magst, einen Salat anrichten und auf zwei Teller verteilen. Nach der Backzeit die Auberginen-Halloumi-Wickel auf den beiden Tellern verteilen und mit Rapsöl und Balsamicoessig beträufeln. Direkt servieren.

BURRATA-ERBSEN-MINZ-SALAT

3 – 4 PERSONEN

- 1 Scheibe Sauerteigbrot
- Olivenöl
- Salz und Pfeffer
- 100 g gefrorene Erbsen
- 50 g Erbsensprossen
- 1 EL frische Minzblätter, fein gehackt
- Zitronensaft
- 200 g Burrata (Füllgewicht)

Burrata ist die Königin der Käsesorten. Sie ist die reine Perfektion und verdient es, im Mittelpunkt einer Speise zu stehen. In Kombination mit frischem Grüngemüse ergibt sie ein perfektes Mahl – und ja, ungesättigte Fettsäuren sind auch dabei.

Den Ofen auf 220 °C Ober-/Unterhitze (200 °C Umluft) vorheizen.

Die Brotscheibe würfeln, auf einem Backblech auslegen und mit Olivenöl beträufeln. Anschließend mit Salz und Pfeffer würzen.

Die Brotwürfel für 5–10 Minuten grillen oder einfach backen, bis sie schön kross sind, ähnlich wie Croûtons.

In der Zwischenzeit einen Topf Wasser zum Kochen bringen und die Erbsen für 5 Minuten in heißem Wasser garen.

Erbsensprossen und Minze miteinander vermengen und mit etwas Olivenöl und Zitronensaft anmachen. Dann in einer großen Servierschale anrichten.

Sobald fertig, Erbsen und Croutons in die Schale geben. Je nach Geschmack zuvor abkühlen lassen.

Zuletzt vorsichtig die Burrata obenauf legen, mit Olivenöl und Zitronensaft beträufeln und mit Salz und Pfeffer würzen.

FETA-PÄCKCHEN MIT ZAZIKI

ERGIBT 12 PÄCKCHEN

- 200 g Blattspinat
- 100 g Feta
- 2 Frühlingszwiebeln,
  fein geschnitten
- 1 TL getrockneter
  oder frischer Oregano
- 1 TL getrocknetes
  oder frisches Basilikum
- Salz und Pfeffer
- 3 Blatt Filoteig
- Olivenöl

Für den Zaziki
- 80 g Gurke
- 1 Knoblauchzehe
- 1 EL frische oder
  1 TL getrocknete Minze
- 200 g Naturjoghurt
- 1 EL Zitronensaft

Dieses Kapitel hat sich irgendwie in eine Ode an den Käse verwandelt, was mir recht sein soll. Immerhin ist er in der Mittelmeerküche häufig vertreten. Diese häppchengroßen Päckchen sind schnell und einfach zubereitet und schmecken wirklich fantastisch!

Den Ofen auf 220 °C Ober-/Unterhitze (Umluft 200 °C) vorheizen.

Blattspinat grob hacken und mit einem Schuss Wasser in einer großen Pfanne aufwärmen, bis der Spinat leicht zusammenfällt. Überschüssiges Wasser abgießen.

Den Fetakäse in einer Schüssel zerbröseln. Dann Frühlingszwiebeln, gegarten Spinat, Oregano und Basilikum hinzufügen. Mit Salz und Pfeffer würzen.

Ein Blatt Filoteig halbieren, dann noch mal halbieren. Nun sollten vier gleich große Streifen vorhanden sein, diese zu Quadraten falten. Jedes Filo-Quadrat von beiden Seiten mit Olivenöl bepinseln.

Einen gehäuften Esslöffel des Feta-Gemischs in die Mitte eines jeden Filo-Quadrats geben. Die Seiten hochklappen, sodass kleine Päckchen entstehen. Dann auf einem Backblech auslegen und für 12 Minuten backen.

In der Zwischenzeit den Zaziki zubereiten: Gurke grob raspeln, Knoblauch schälen und pressen und die Minze fein hacken. Joghurt, Gurke, Zitronensaft, Knoblauch und gehackte Minze miteinander vermischen. Mit Salz und Pfeffer würzen.

Filo-Päckchen nach Ende der Backzeit gemeinsam mit dem Zaziki servieren.

TOFU-BOWL MIT LEINSAMEN-PANADE

1 PERSON

- 100 g fester Tofu
- 2 EL Zitronensaft
- 2 EL salzreduzierte Sojasoße
- 60 g brauner Reis
- 10 g frische oder getrocknete Semmelbrösel
- 10 g gemahlene Leinsamen
- Sesam- oder Olivenöl
- 80 g Broccolini
- ½ Avocado, gewürfelt
- Sesamsamen, geröstet

Du magst keinen Fisch und könntest ein bisschen mehr Omega-3-Fettsäuren vertragen? Dann halte dich an Leinsamen. Gib sie in deine Smoothies, streu sie auf dein Müsli oder befördere dein Tofu damit aufs nächste Level. Langweiliger Tofu muss nicht sein!

Wenn der Tofu nicht fest ist, solltest du ihn zunächst straff umwickeln und für 10 Minuten mit etwas Schwerem die Flüssigkeit herauspressen.

Den Tofu würfeln. Dann zum Manieren mit einer Mischung aus einem Esslöffel Zitronensaft und einem Esslöffel Sojasoße in ein niedriges Schälchen legen.

Den braunen Reis unter Zugabe des restlichen Zitronensafts und der übrigen Sojasoße gemäß Packungsanleitung kochen.

Semmelbrösel mit gemahlenen Leinsamen vermengen. Den marinierten Tofu großzügig darin panieren.

Einen Schuss Öl in einer großen Pfanne erhitzen und den Tofu bei niedriger Temperatur von allen Seiten anbraten.

Broccolini für 5 Minuten dünsten oder 3 Minuten kochen.

Für die Bowl zunächst den warmen braunen Reis in eine Schale füllen. Dann Broccolini, Tofu und Avocado obenauf legen. Mit übriger Marinade und geröstetem Sesam garnieren.

SALAT MIT LINSEN, FEIGE, AVOCADO UND TAHIN-DRESSING

2 PERSONEN

- 4 frische Feigen
- 1 Avocado
- 200 g gekochte Puy-Linsen (100 g Rohgewicht)
- 50 g Rucola

Für das Dressing

- 2 EL Tahin
- ¼ TL Salz
- ¼ TL Knoblauchpulver oder Knoblauchgranulat

Avocado ist der Star unter den »gesunden Fetten«. Soweit ich mich erinnern kann, habe ich noch nie jemanden sagen hören, dass Avocados ungesund seien — und das will was heißen! Avocados stecken voller ungesättigter Fettsäuren und enthalten außerdem viel Vitamin E.

Die Feigen vierteln und die Avocado würfeln.

Die gekochten Linsen mit den Feigen, der Avocado und dem Rucola in einer Schüssel vermengen.

Tahin, Salz, Knoblauchpulver oder -granulat mit drei Esslöffeln Wasser vermengen.

Dressing über den Salat geben, umrühren und servieren.

MEXIKO-PARTY

4 PERSONEN

- Olivenöl
- 1 große Zwiebel (circa 150 g), geschält und in Scheiben geschnitten
- 1 orangefarbene Paprika, in Streifen geschnitten
- 1 gelbe Paprika, in Streifen geschnitten
- 400 g schwarze Bohnen aus der Dose, abgegossen und gewaschen
- 400 g Kidneybohnen aus der Dose, abgegossen und gewaschen
- 2 EL Fajita-Gewürzmischung (oder selbstgemacht, siehe unten)
- 250 g Cheddarkäse, gerieben
- 200 g Tomaten
- 2 große Avocados
- 50 g Salatblätter deiner Wahl, in Streifen geschnitten
- Salz und Pfeffer
- ½ Zitrone, gepresst
- 8 Tortillas

Egal, ob du Käse magst oder nicht: Wenn du die Bohnen und das Gemüse in diesem Rezept in Olivenöl anbrätst, nimmst du Bissen für Bissen viele gesunde einfach gesättigte Fettsäuren zu dir!

Einen Schuss Olivenöl in einer mittelgroßen Pfanne erwärmen. Zwiebel in die Pfanne geben und 5 Minuten lang braten, dann Paprikastreifen sowie 50 ml Wasser hinzufügen und köcheln lassen, bis das Wasser verdampft ist.

Einen weiteren Schuss Olivenöl in einer zweiten mittelgroßen Pfanne erwärmen und die Bohnen hinzugeben. Umrühren, dann 50 ml Wasser hinzugeben und köcheln lassen, bis das Wasser komplett verdunstet ist. Die Bohnen und die Paprika mit je einem Esslöffel Fajitagewürz anmachen. Gegebenenfalls etwas Wasser hinzugeben, damit nichts anbrennt.

Für die Salsa die Tomaten stückeln, mit Salz, Pfeffer und ein wenig Zitronensaft mischen und anschließend beiseitestellen. Für die Guacamole die Avocados zerdrücken und mit Salz, Pfeffer und ein wenig Zitronensaft anmachen. Anschließend ebenfalls beiseitestellen.

Die Salatblätter in eine Schüssel geben. Sobald Bohnen und Paprika gar sind, Herd abstellen und den Pfanneninhalt in zwei Servierschalen geben. Bohnen, Paprika, Tomatensalsa, Guacamole, Käse und Salat auf den Tisch stellen. Tortillas für 30 Sekunden in der Mikrowelle erwärmen und von jedem selbst befüllen lassen.

TIPP Für deine eigene Fajita-Würzmischung 1 TL Zwiebelpulver, 1 TL Knoblauchpulver oder Knoblauchgranulat, 1 TL Paprikapulver, 1 TL Kreuzkümmel, 1 TL Salz und 1 TL mildes Chilipulver mischen.

MAC'N'CHEESE MIT PILZEN

2 – 3 PERSONEN

- 150 g Pasta (am besten eignen sich Makkaroni oder Penne)
- 1 EL Olivenöl
- 2 gehäufte Löffel Mehl
- 350 ml Milch (egal welche)
- 2 Knoblauchzehen
- 200 g weiße oder braune Pilze, in Scheiben geschnitten
- Salz und Pfeffer
- 150 g Cheddarkäse, gerieben
- 20 g Parmesan, gerieben

Dieses Rezept ist meiner Schwester Emily gewidmet, die Mac'n'Cheese über alles liebt, auch wenn der Konsum von zu viel Milchprodukten ihr ironischerweise Beschwerden bereitet. In diesem Rezept kommen sogar Cheddar *und* Parmesan vor – doppelter Genuss sozusagen.

Die Pasta in einem großen Topf kochen, 2 Minuten vor Ende der Garzeit abgießen.

In einem zweiten großen Topf Olivenöl erhitzen und anschließend das Mehl einrühren. Nach und nach vorsichtig die Milch zugeben und aufpassen, dass sich dabei keine Klumpen bilden.

Knoblauch schälen und pressen, dann gemeinsam mit den Pilzscheiben in die Soße geben. Anschließend bei niedriger Temperatur für 15 Minuten köcheln lassen.

Den Topf von der Platte nehmen, Soße mit Salz und Pfeffer würzen und einen Großteil des Cheddarkäses hineingeben. Rühren, bis eine glatte Soße entsteht.

Die Pasta zur Soße geben, gut miteinander vermischen und anschließend in eine ofenfeste Schale geben. Mit dem restlichen Cheddarkäse und dem Parmesan bestreuen.

Grillfunktion des Ofens einstellen und das Gericht 5–10 Minuten lang grillen, bis es oben schön gebräunt und knusprig aussieht. Heiß servieren!

SPARGELSALAT MIT KICHERERBSEN UND JOGHURTDRESSING

2 – 3 PERSONEN

- 1 Zucchini (circa 200 g)
- Olivenöl
- Salz und Pfeffer
- 250 g Spargel
- 400 g Kichererbsen
  aus der Dose, abgegossen
  und gewaschen
- 1 Prise Paprikapulver
- 50 g Salatblätter
- 10 g Pinienkerne
- 150 g Griechischer Joghurt
- 150 g Auberginen-Pesto
  (falls du keins findest, kannst
  du auch den Joghurtdip von
  den gegrillten Auberginen
  nachmachen, siehe Seite 123)

Nüsse und Samen sind eine gute Quelle für ungesättigte Fettsäuren und enthalten außerdem fettlösliche Vitamine wie Vitamin E. Sie sind ein toller Snack, schmecken aber auch super als Salat-Topping!

Die Zucchini der Länge nach in dünne Scheiben schneiden.
In einer mikrowellengeeigneten Schale platzieren, abdecken und
bei hoher Temperatur für 3 Minuten garen.

Einen Schuss Olivenöl bei hoher Hitze in einer Grillpfanne erwärmen.
Die Zucchinischeiben grillen und von beiden Seiten mit Salz und Pfeffer
würzen. Anschließend beiseitestellen.

Den Spargel für 5 Minuten kochen oder dämpfen und beiseitestellen.

Kichererbsen in einer zweiten Pfanne unter Zugabe von Olivenöl, Salz
und einer Prise Paprikapulver 5 Minuten anbraten.

Je nach Geschmack Gemüse und Kichererbsen abkühlen lassen.

So servierst du den Salat: den Spargel und die Kichererbsen auf das
Salatbett geben, die Zucchinischeiben darauf anrichten und mit Pinienkernen bestreuen.

Joghurt und Auberginen-Pesto miteinander vermischen und
als Topping obenauf geben.

TEX-MEX-EIER

2 PERSONEN

- 250 g Süßkartoffeln, geschält und grob gewürfelt
- Olivenöl
- 1 Zwiebel (circa 80–100 g), geschält und fein gewürfelt
- 1 TL Paprikapulver
- 1 TL Kreuzkümmel, gemahlen
- 400 g schwarze Bohnen aus der Dose, abgegossen und gewaschen
- 2 EL Tomatenmark
- Salz und Pfeffer
- 1 Limette
- 4 mittelgroße Eier
- 1 Avocado, in Scheiben geschnitten

Eier hatten eine Zeit lang einen richtig schlechten Ruf, aber inzwischen wissen wir, dass das Cholesterin im Eigelb keinen Einfluss auf das Risiko für Herzerkrankungen hat. Du kannst dieses köstliche Mahl also sorgenfrei genießen!

Die Süßkartoffelwürfel in eine mikrowellenfeste Schale geben, abdecken und 6–8 Minuten garen, bis die Würfel schön weich sind.

Einen Schuss Olivenöl in einer mittelgroßen Pfanne erhitzen und die Zwiebelwürfel für 5 Minuten anbraten. Dann Gewürze und einen Schuss Wasser hinzugeben. Weitere 2 Minuten braten.

Die Süßkartoffelwürfel und das Tomatenmark hinzugeben und weitere 2 Minuten garen. Mit Salz, Pfeffer und Limettensaft abschmecken.

Vier kleine Vertiefungen in die Masse kerben und je ein Ei hineinschlagen.

Wenn möglich, die Pfanne mit einem Deckel abdecken und bei niedriger Temperatur das Gericht weitergaren lassen, bis das Eiweiß stockt und das Eigelb noch schön weich ist. Wenn du Eier lieber ganz durch isst, sollte das Essen circa 12 Minuten lang garen.

Zum Servieren Avocadoscheiben obenauf legen.

Superfoods

DER SUPERFOOD-MYTHOS

Superfood (Nomen): *»angeblich besonders gesunde und nährstoffreiche Nahrungsmittel«*

Merke: angeblich, nicht nachweislich. Der entscheidende Unterschied zwischen Marketingtaktik und Wissenschaft.

Trotz der wachsenden Popularität der »Clean Eating«-Bewegung, die industriell verarbeitete Lebensmittel und alles, was keine Vollwertkost ist, meidet, werden »Superfood«-Pulver immer beliebter. Und die sind definitiv industriell verarbeitet und können nicht als Vollwertkost gesehen werden. Trotzdem sollen wir glauben, dass sie für unsere optimale Gesundheit unverzichtbar sind.

Außergewöhnliche Behauptungen verlangen außergewöhnliche Beweisführungen. Lass uns also die diversen Behauptungen rund um Superfood-Pulver genauer ansehen und prüfen, was die Wissenschaft dazu zu sagen hat. Dabei konzentrieren wir uns vor allem auf Baobab, Maca, Spirulina, Weizengras und Açaíbeeren.

2007 wurde es in der EU gesetzlich verboten, Produkte ohne nachweisliche gesundheitliche Vorteile als »Superfood« zu bewerben. Im Grunde bedeutet das, dass nicht mehr alles einfach so und ohne jegliche Rechtfertigung als »Superfood« bezeichnet werden darf. Selbstverständlich gibt es immer ein paar Menschen, die Schlupflöcher finden, und so sind beispielsweise die Begriffe »Super Greens« und »Super Fruits« aufgekommen. Der Ausdruck »Superfood« ist durch die Regelung nicht wissenschaftlich korrekter geworden, aber immerhin wird er nicht mehr ganz so oft in den Raum geworfen.

 BAOBAB

Baobab-Pulver ist ganz einfach die pulverisierte Frucht des Baobabbaums, der primär in Afrika vorkommt. Baobab wurde ursprünglich zum Andicken für Marmelade oder als Süßungsmittel für fruchtige Getränke empfohlen. Inzwischen ist er jedoch ein für seinen hohen Vitamin-C-Gehalt berühmtes Superfood. Es stecken durchaus auch Ballaststoffe und Antioxidantien darin, aber Vitamin C ist das große Verkaufsargument.

Der Körper benötigt Vitamin C für die Haut, die Blutgefäße, die Knochen, das Knorpelgewebe und die Wundheilung. Behauptungen à la »gut für das Immunsystem« sind bewusst vage gehalten und bedeuten nicht viel. Im Grunde genommen unterstützt alles, was du isst, dein Immunsystem, weil sämtliche aufgenommenen Nährstoffe die Ausbildung deiner Immunzellen unterstützen.

Den »Vitamin C heilt Erkältungen«-Mythos haben wir Linus Pauling zu verdanken, der als einzige Person zweifach mit einem ungeteilten Nobelpreis ausgezeichnet wurde und uns daran erinnern sollte, dass sogar die schlauesten Menschen auf Bullshit und pseudowissenschaftliche Aussagen hereinfallen können.

Leider kuriert Vitamin C keine Erkältungen. Eine 2013 durchgeführte Studie hat bewiesen, dass die regelmäßige Einnahme von mindestens 200 mg Vitamin C pro Tag keinerlei Auswirkungen auf die am häufigsten vorkommenden Erkältungserreger hat [1]. Weiterhin konnte kein Zusammenhang zwischen einer hohen Vitamin-C-Dosis und der Dauer oder Intensität der Symptome nachgewiesen werden. Man darf also höchstens hoffen, dass eine dreitägige Erkältung sich auf zwei Tage und achtzehn Stunden ver-

Hohe Vitamin-C-Dosen einzunehmen verhindert und kuriert Erkältungen nicht.

kürzt – wenn du Glück hast. Wow … toller Placeboeffekt [2]! Wobei, huch … Vergiss einfach, dass du das gerade gelesen hast. Ich bin mir sicher, er wirkt doch!

Und wo wir schon dabei sind: Vitamin C heilt sicherlich auch keinen Krebs [3], sorry.

Zusammengefasst ist Baobab-Pulver also einfach ein ziemlich teures Vitamin-C-Pulver, das der Großteil der Bevölkerung nicht einmal braucht, weil es ziemlich selten vorkommt, dass man an einem Vitamin-C-Mangel leidet. Mach dir also diesbezüglich keinen Stress.

 ## MACA

Maca ist eine peruanische Pflanze, deren Wurzel einer Steckrübe ähnelt. Das ist auch der Teil, der in pulveriges Superfood verwandelt wird, das dann rot, gelb oder schwarz ist.

Maca ist angeblich ein Aphrodisiakum, aber die Forschungen stecken diesbezüglich noch in den Kinderschuhen. Es hat keinen Einfluss auf die reproduktiven Hormone des Mannes [4], kann jedoch eventuell die sexuelle Lust stimulieren [5]. Das könnte jedoch auch ein Placeboeffekt sein, wer weiß. Es könnte auch eine positive Wirkung auf sexuelle Funktionsstörungen bei Frauen haben [6], aber genau wie bei Männern scheint eher die Stimmung als der Hormonhaushalt beeinflusst zu werden. Die genaue Wirkweise ist noch nicht bekannt. Die Studien fanden außerdem bisher eher im kleinen Rahmen statt, und es ist selbstredend schwierig, Rückschlüsse für sieben Milliarden Menschen zu ziehen, wenn nur an fünfzig Probanden geforscht wurde.

Maca soll weiterhin tolle Ergebnisse mit sich bringen, wenn man es vor oder nach dem Sporttraining konsumiert. Angeblich verbessert es das Energielevel. Ich konnte während der Recherche für dieses Buch jedoch keine Studien über Maca und den Energiehaushalt oder Maca und Muskelbildung finden.

Außerdem gibt es noch die Behauptung, Maca sei ein »Adaptogen«, also eine Substanz, die dem Körper dabei helfen soll, mit Stresssituationen umzugehen und die Homöostase wiederherzustellen. Um diesen Begriff kreist irrsinnig viel pseudowissenschaftlicher Bullshit. Immer wieder wird vage auf die Verbesserung der Gesundheit verwiesen. Genaue Mechanismen und Erklärungen werden dabei jedoch nicht mitgeliefert. (Hinweis:

Bitte nicht googeln. Es steht wirklich überdurchschnittlich viel Unsinn über Adaptogene im Internet.) Daher wird Maca online als Heilmittel für Menopausen-Symptome beworben. Aber auch hier, du errätst es schon, gibt es keine nachhaltigen Beweise [7].

Ich habe schon öfter gesehen, dass Produkte dieser Art als »frei von Nebenwirkungen« angepriesen wurden. Dem möchte ich heftig widersprechen. Wir wissen nicht, wie sicher die Einnahme von Maca ist. Dazu liegen keine Studien vor. Ich halte es nicht für sicher, Frauen zu raten, Hormontherapien abzubrechen und stattdessen Maca für ihre klimakterischen Beschwerden einzunehmen. Auch kenne ich viele junge Menschen, die nach nur einem Löffel von dem Zeug mit üblen Nebenwirkungen zu kämpfen hatten. Das würde ich nicht als »frei von Nebenwirkungen« bezeichnen, nicht einmal bei wenigen Probanden.

 ## SPIRULINA

Spirulina ist ein Cyanobakterium und auch als Blaualge oder einfach als die unansehnliche grüne Schicht auf dem Gartentümpel bekannt. Falls du das noch nicht abschreckend findest, ändert sich deine Meinung vielleicht gleich.

Cyanobakterien können ein Neurotoxin (also eine Substanz, die giftig oder schädlich für das Nervengewebe ist) namens BMAA produzieren. Derzeit ist noch nicht endgültig bewiesen, ob Spirulina auch dazugehört (eine Studie verneint das [8], eine andere bejaht es [9]). Weiterhin konnte in einigen Spirulina-Proben ein weiteres Neurotoxin namens Anatoxin-A, auch bekannt als *Very Fast Death Factor* oder kurz VFDF, nachgewiesen werden (also als sehr schneller Todesfaktor – man kann nicht behaupten, Wissenschaftler würden sich keine tollen Namen einfallen lassen, oder?) [10]. Klasse.

Spirulina soll Schwermetalle und Toxine aus der Umgebung absorbieren (siehe Kapitel 4 für mehr Infos über Detox-Bullshit) und weist ein hohes Kontaminierungsrisiko auf, da diese Absorption bereits vor dem Ernten erfolgen kann. Für etwas, das entgiftend wirken soll, ist das schon etwas ironisch.

Spirulina wird auch als vollständiges Protein beworben. Das bedeutet, dass es alle neun essenziellen Aminosäuren enthält. In Anbetracht dessen, dass eine Einheit meist aus einem Teelöffel besteht (circa 3 g), ist das nicht gerade viel im Verhältnis zu deiner restlichen Ernährung. Selbst wenn es 60–70 % Protein enthält, wären das nur 2 g.

Positiv gesehen nimmst du über Spirulina also ein bisschen Protein auf. Aber gleichzeitig wirst du womöglich Neurotoxinen ausgesetzt und hast so ein erhöhtes Risiko, an neurodegenerativen Erkrankungen zu leiden [11]. Nee, danke, da verzichte ich lieber.

Oh, und hatte ich schon erwähnt, das obschon manche Nahrungsergänzungsmittelhersteller behaupten, Spirulina sei eine gute Vitamin-B-12-Quelle (woran es bei veganer und vegetarischer Ernährung manchmal mangelt), es eigentlich nur Pseudovitamin B 12 enthält [12], eine für den Menschen nicht nutzbare Form, die die Aufnahme von richtigem Vitamin B_{12} verhindern kann? Also nimm Spirulina bitte nicht als B-12-Ersatz, denn es bringt nichts.

Insgesamt lässt sich sagen, dass Spirulina keine Nährstoffe enthält, die man nicht günstiger und einfacher in anderen Lebensmitteln findet. Und es schmeckt wirklich ekelhaft. Außerdem lässt es alles schlammgrün aussehen. Warum würdest du also etwas essen wollen, das nicht einmal gut schmeckt?

 ## WEIZENGRAS

Ich habe meiner Mutter einmal einen Weizengras-Shot serviert. Sie musste würgen und hätte sich fast übergeben. Ich wünschte, ich hätte das gefilmt; es war zum Schreien.

Bei Weizengras handelt es sich schlicht um die Triebe der gemeinen Weizenpflanze, die entweder gemahlen oder zu Saft verarbeitet werden. Aber keine Panik: Weil es noch vor der Ausbildung der Weizenkörner geerntet wird, ist es glutenfrei. Das ist wohl einer der Gründe, weshalb die Gesundheitsindustrie ihm einen Heiligenschein verpasst hat.

Aber mal im Ernst: Weizengras wird als eine Art »Wunderpflanze« bejubelt, die magische Fähigkeiten hat und wesentlich mehr Vitamine und Mineralien als andere Gemüse enthält. »Basische Wirkung«, »entgiftend«, »gut für das Immunsystem« … solche Ausdrücke heißen gar nichts. Das sind einfach nur dämliche Marketingphrasen, die dich zum Kauf von etwas verleiten sollen, dessen Vorteile nicht über die eines Brokkoliröschens hinausgehen.

PIXIE-TIPP

Spirulina ist keine gute Quelle für Vitamin B_{12} und sollte daher nicht als Nahrungsergänzungsmittel eingesetzt werden.

Eines der seltsamsten Heilversprechen des Weizengrases lautet, dass es Chlorophyll enthält und somit hilft, das Blut mit Sauerstoff anzureichern. Ich liebe solche Behauptungen, weil man sie so schnell mit Berechnungen aus dem Biounterricht entzaubern kann. Das ist die Gleichung für Fotosynthese in Pflanzen (wo das Chlorophyll herkommt):

KOHLENSTOFFDIOXID + WASSER + LICHT $\longrightarrow$ GLUKOSE + SAUERSTOFF

Hast du's erkannt? Auch wenn tatsächlich Chlorophyll-Moleküle durch dein Blut schweben sollten, könnten sie dort keinen Sauerstoff produzieren, weil schlichtweg das Licht fehlt! Deine Blutadern befinden sich im Körper, und falls Licht an dein Blut kommt, solltest du dir vermutlich am meisten Sorgen darüber machen, dass du sterben könntest. Du reicherst dein Blut mit Sauerstoff an, indem du Sauerstoff in deine Lungen einatmest, und nicht, indem du Pflanzen isst.

Ein anderes Problem besteht in der Behauptung, dein Körper könne nicht zwischen Hämoglobin und Chlorophyll unterscheiden. Ja, sie sehen ähnlich aus, aber deine körpereigenen Enzyme sind hochspezifiziert. Dein Körper sieht nicht einfach Chlorophyll und entscheidet: »Das passt schon, ist ja ziemlich ähnlich.« Die Differenziertheit ist entscheidend für unser Überleben. Außerdem ist Chlorophyll sehr empfindlich gegenüber pH-Werten und wird genau wie alles andere verdaut, sobald es in deinem (hochgradig sauren) Magen eintrifft.

Ähnlich die Behauptung, Weizengras würde pflanzliche Enzyme beinhalten, die gut für die Verdauung seien. Enzyme werden von jedem Organismus entsprechend seiner individuellen Bedürfnisse hergestellt, und pflanzliche Enzyme weichen in ihrer Beschaffenheit von den menschlichen ab. Das bedeutet, dass sie im Rahmen der Verdauung genauso wie alles andere gespalten werden (denn wie wir wissen, sind alle Enzyme Proteine). Dein Körper nimmt Enzyme nicht über andere Organismen auf, dafür sind sie zu sehr ausdifferenziert.

Weizengras ist nichts Besonders. Es enthält wie jede andere Pflanze Vitamine und Mineralien und davon nicht einmal besonders viele. Wenn du den Geschmack magst (ernsthaft?!), dann kannst du es zu dir nehmen, es wird dir nicht schaden. Aber wenn du so wie ich findest, dass es erbärmlich riecht und schmeckt, kannst du auch genauso gut jedes andere grüne Gemüse essen und von den gleichen Vorzügen profitieren.

 ## AÇAÍBEEREN

Abgesehen davon, dass sie ständig falsch ausgesprochen wird (es heißt Ah-Sai, nicht Ah-Kai), ist die Açaíbeere eine exotische Beerenfrucht, die Gerüchten zufolge einen aberwitzig hohen Anteil an Antioxidantien hat. Sie wurde dank der »Oprah and Dr Oz«-Show in den USA berühmt, und das, obwohl es keine wissenschaftlichen Beweise für derlei Aussagen gibt (aber hey, das hat noch nie jemanden gestoppt ...).

Aber sind Antioxidantien nicht etwas Gutes? Das sind sie tatsächlich, aber wie immer nur bis zu einem gewissen Grad.

Jeder hat schon einmal von Antioxidantien gehört, aber ich vermute, dass nur wenige wissen, was es tatsächlich damit auf sich hat. Antioxidantien schützen dich vor Zell- und DNA-Schäden, die zu verfrühten Alterungsanzeichen und in einigen Fällen, wie zum Beispiel UV-Schäden, zu Krebs führen können. Diese Zellschäden entstehen durch oxidativen Stress – ein Vorgang, bei dem Verbindungen auf Sauerstoffbasis hergestellt werden (auch bekannt als reaktive Sauerstoffverbindungen, oder ROS). ROS sind ausgesprochen reaktionsfreudig und reagieren mit allem, was sie finden, und das ganz schnell. Dazu zählen auch Proteine, DNA und andere Zellbestandteile, die dabei Schaden erleiden. ROS können als Abfallprodukte des Zellstoffwechsels entstehen (da Energieproduktion Sauerstoff verlangt) oder durch äußere Reize wie UV-Einstrahlung oder Hitzeeinwirkung.

Manche Antioxidantien werden vom Körper produziert, wie zum Beispiel Superoxiddismutase, andere werden über die Ernährung aufgenommen. Vitamin A, C und E, Beta-Carotin sowie Polyphenole haben alle eine antioxidative Wirkung.

Infolgedessen sollte man erwarten dürfen, dass ein erhöhter Konsum von Antioxidantien der Gesundheit zuträglich ist und das Krebsrisiko mindert, oder? Es ist bekannt, dass Menschen, die viel Obst und Gemüse essen, ein geringeres Krebsrisiko haben [13], aber liegt das an der Karotte oder dem Beta-Carotin? An der Orange oder dem Vitamin C? Es ist auch bekannt, dass bei Krebspatienten unterdurchschnittliche Beta-Carotin-Werte im

Blut festgestellt wurden [14] und dass einzelne Personen, deren Blut erhöhte Vitamin-C-Werte aufweist, ein niedrigeres Risiko tragen, einen Herzinfarkt zu erleiden [15]. Aber das sind lediglich Korrelationen, und sie beweisen nicht, dass das eine das andere tatsächlich auch bedingt.

Ein logischer nächster Schritt wäre, zu prüfen, ob die zusätzliche Zuführung weiterer Antioxidantien die Gesundheit verbessert. Tut sie nicht. Vitamin A, Vitamin E oder Beta-Carotin als Nahrungsergänzungsmittel zu konsumieren wurde mit einem erhöhten Sterberisiko in Verbindung gebracht [16], du stirbst also wahrscheinlicher an diesen Präparaten als ohne sie.

Wie ist das möglich? Wie immer kann zu viel von etwas Gutem es in etwas Schlechtes verwandeln. Freie Radikale, oder ROS, sind kein Designfehler, sondern haben einen Zweck. Weiße Blutkörperchen greifen darauf zurück, um Bakterien zu töten, und wenn eine Zelle zu stark beschädigt ist, leiten die freien Radikale eine Apoptose ein (also einen programmierten Zelltod). Ein Überschuss an Antioxidantien könnte dazu führen, dass eine beschädigte Zelle zu lange bestehen bleibt. Sie stören das Zellsignal an die freien Radikale. Und beschädigte Zellen willst du bestimmt nicht in deinem Körper haben.

PIXIE-TIPP
Man kann zu viel des Guten haben, und das trifft auch auf Antioxidantien zu.

Die Behauptung, man brauche teure Pulver, um gesund zu sein, ist lächerlich und versnobt. Man kann einen ungesunden Lebenswandel nicht ausgleichen, indem man ein Teelöffelchen grünes Pulver schluckt. So läuft das nicht. Außerdem beinhalten diese Pulver nichts, was du nicht einfacher und günstiger woanders bekommen kannst.

 ## WAS BEDEUTET DAS ALLES?

All diese Produkte haben eins gemeinsam: Sie sind exotisch, teuer und haben eine ganze Reihe an angeblichen gesundheitlichen Vorzügen, die dir das Geld aus der Tasche ziehen sollen. Und die meisten schmecken auch noch richtig mies. Die Behauptung, man brauche teure Pulver, um gesund zu sein, ist lächerlich und versnobt.

Man kann einen ungesunden Lebenswandel nicht ausgleichen, indem man ein Teelöffelchen grünes Pulver schluckt. So läuft das nicht. Außerdem beinhalten diese Pulver nichts, was du nicht einfacher und günstiger woanders bekommen kannst.

Baobab: Wenn es dir um Vitamin C geht, kannst du es ganz einfach über deine Ernährung bekommen, indem du bestimmte Frucht- und Gemüsesorten wie Orangen, Beeren und Paprika isst.

Maca: Wenn du einen Energieschub brauchst, ist Kaffee dein Freund. Kaffee ist nicht »ungesund«, vielmehr reduziert er das Sterberisiko [17] (und verhindert morgendliche Amokläufe). Wenn du dich antriebsarm fühlst, könnte das auch bedeuten, dass dein Tank leer ist (also dein Magen) oder dass dir gewisse Mikronährstoffe wie B_{12} oder Eisen fehlen. Maca hilft dir bei solchen Problemen auch nicht weiter.

Spirulina: Wenn du auf der Suche nach pflanzlichen Proteinquellen bist, kann ich dir eine ganze Reihe an Alternativen empfehlen, die wesentlich mehr Protein enthalten und nicht wie abgestandenes Tümpelwasser schmecken. Auch wenn nicht alle davon »vollständige« Proteinquellen sind, kannst du sie doch ganz einfach so kombinieren, dass deine Mahlzeiten ein komplettes Paket der essenziellen Aminosäuren beinhalten.

Weizengras: Wenn du mehr Grüngemüse essen willst, kannst du jedes andere grüne Gemüse essen. Ich verspreche dir, dass das besser schmeckt.

Açaíbeeren: Antioxidantien sind nicht die besten Nahrungsergänzungsstoffe. Aber wenn du sie über Obst und Gemüse zu dir nimmst, profitierst du in vielerlei Hinsicht und riskierst nicht, dass deine Vitaminwerte zu sehr nach oben schießen.

Siehst du: Du brauchst kein Superfood. Das werden die folgenden Rezepte auch noch einmal bestätigten.

ORANGEN-BEEREN-SMOOTHIE

1 PERSON

- 1 Banane (circa 70–100 g)
- 80 g gefrorene Blaubeeren
- 80 g gefrorene Erdbeeren
- 1 Orange,
  Saft und Fruchtfleisch
- 1 EL Leinsamen

Schon klar, Baobab enthält viel Vitamin C. Aber eine einzige Orange beinhaltet die komplette empfohlene Tagesdosis und schmeckt dabei viel besser. Ich schlage vor, dass du bei diesem Rezept auch das Fruchtfleisch dazugibst, so kommen noch ein paar Ballaststoffe hinzu.

Alle Zutaten in der aufgeführten Reihenfolge in den Mixer geben.

Pürieren, bis eine glatte Masse entsteht. Gegebenenfalls Rückstände vom Rand wieder herunterschieben.

Zum Servieren in ein großes Glas umfüllen.

SOMMERROLLEN-SALAT MIT MANGODRESSING

2 PERSONEN

- 200 g Reisnudeln
- 1 rote Paprika,
  in feine Streifen geschnitten
- 100 g Gurke,
  in feine Streifen geschnitten
- 100 g Möhren,
  in feine Streifen geschnitten
- 100 g Sprossen
- Eine kleine Handvoll
  frische Minze
- Eine kleine Handvoll frisches
  Thai-Basilikum oder Korianderblätter, grob gehackt
- 1 rote Chili, entkernt und in
  feine Streifen geschnitten

Für das Dressing
- 1 Mango (circa 200 g),
  geschält und gewürfelt
- 1 Limette, entsaftet
- 1 Prise Chiliflocken
- 1 EL Sojasoße
- Eine kleine Handvoll frisches
  Thai-Basilikum oder Korianderblätter

Ich habe meine ersten eigenen Frühlingsrollen auf einem Boot in der Halong-Bucht gemacht. Sie waren allerdings frittiert und nicht von der frischen Sorte. Leider ist es nicht immer einfach, an Reispapier zu kommen. Also habe ich aus den Zutaten, die eigentlich in die Reispapierrollen kommen, einen Salat gemacht. Das Dressing ist der Clou des Ganzen, und dank der Mango steckt auch richtig viel Vitamin C drin — mehr als in einer Portion Baobab.

Die Reisnudeln mit heißem Wasser übergießen und beiseitestellen.

Für das Dressing Mango, Limettensaft, Chiliflocken, Sojasoße und Thai-Basilikum oder Koriander vermengen und zu einer glatten Masse pürieren.

Die Nudeln abgießen und mit zwei Esslöffeln Dressing mischen.

Gemüse und Kräuter miteinander vermengen.

Das restliche Dressing auf den Salat geben und mit frischem Chili bestreuen.

TIPP Du willst mehr Protein? Gib Lachs, Garnelen, Hähnchen oder Tofu hinzu.

MOKKA-TRÜFFEL

ERGIBT ETWA 20 STÜCK

- 200 g dunkle Schokolade
- 240 ml Crème double
- 2 TL Stevia
- 1 EL Instantkaffeepulver
- Kakaopulver zum Bestäuben

Kaffee bewirkt nicht nur morgendliche Erweckungswunder, sondern schmeckt auch köstlich, vor allem in Verbindung mit Schokolade und in Desserts — was man von Maca nicht behaupten kann. Meiner Erfahrung nach schmeckt alles, was mit Maca in Berührung gekommen ist, wie gefriergetrockneter Ton und so gar nicht wie beschrieben nach Karamell. Kaffee hingegen macht alles besser.

Schokolade in einer Schüssel zerbrechen.

Crème double und Stevia in einem Topf erhitzen, bis sich am Rand leichte Blasen bilden.

Das Gemisch aus dem Topf zur Schokolade geben und umrühren, bis die Schokolade geschmolzen ist und der gesamte Schüsselinhalt eine seidig-cremige Konsistenz hat.

Instantkaffeepulver einrühren und abschmecken. Je nach Geschmack mehr hinzugeben.

Die Schokoladencrème 1–2 Stunden im Kühlschrank ruhen lassen.

Sobald die Masse abgekühlt ist, circa 50-Cent-große Kugeln formen und mit Kakaopulver bestäuben.

Kugeln für eine weitere Stunde oder bis zum Servieren im Kühlschrank ruhen lassen.

KAFFEE-SMOOTHIE

1 PERSON

- 1 Banane (100 g, wenn du deinen Kaffee bitter magst, oder 150 g, wenn du es lieber süß hast)
- 200 ml Milch deiner Wahl (ich mag Hafermilch besonders gern)
- 1 TL Instantkaffeepulver
- Eine Prise Zimt

Wenn du morgens einen Wachmacher brauchst, verspreche ich dir, dass der hier viel besser funktioniert als Maca. Weil Kaffee genau zu diesem Zweck auf der Welt ist.

Die Zutaten mischen und pürieren.

Probieren. Falls der Geschmack noch zu bitter ist, mehr Banane hinzugeben.

Servieren.

VEGETARISCHE PHO-SUPPE

2 PERSONEN

- Wok-Öl oder Sesamöl
- 2 Sternanis
- 1 Zimtstange
- ½ TL ganze Nelken
- 1 weiße Zwiebel (circa 110 g), geschält und geviertelt
- 2,5 cm frischer Ingwer
- 1 Gemüsebrühwürfel
- Viel Sojasoße
- 125 g Shiitake-Pilze, in Scheiben geschnitten
- 150 g Tofu, gewürfelt
- 100 g Pak Choi
- 200 g Reisnudeln
- 1 Bund frische Kräuter (Koriander, Thai-Basilikum, Minze)
- 1 Frühlingszwiebel, in Scheiben geschnitten
- 1 rote Chili, entkernt und in Scheiben geschnitten (optional)

In Hoi An habe ich einen Privatkochkurs bei einer alten Vietnamesin besucht. Sie hat mir beigebracht, wie man Pho-Suppe kocht. Das hier ist nicht das gleiche Rezept, aber es ist sehr ähnlich. Außerdem enthält es Tofu, der genau wie Spirulina eine komplette Proteinquelle ist, dabei aber tausendmal besser schmeckt. Selbst wenn du keinen Tofu magst, ist das mit Sicherheit die bessere Alternative. Denn nichts schmeckt so schrecklich wie Tümpelwasser.

Einen Schuss Öl bei mittlerer Hitze in einem Kochtopf erwärmen, dann Sternanis, Zimtstange und Nelken hinzugeben und für 2 Minuten anbraten. Zwiebelviertel gemeinsam mit frischem Ingwer, Gemüsebrühe und einem Esslöffel Sojasoße sowie einem Liter Wasser hinzufügen. So entsteht die Suppengrundlage. 30 Minuten bei niedriger Hitze köcheln lassen.

In der Zwischenzeit die Pilze in ein wenig Öl und Sojasoße anbraten, bis sie weich sind. Aus der Pfanne nehmen und beiseitestellen.

Den Tofu in ein wenig Öl und Sojasoße anbraten. Aus der Pfanne nehmen und beiseitestellen. Den Stiel des Pak Choi entfernen und die Blätter abzupfen. Die Suppengrundlage durch ein Sieb in einen Kochtopf abgießen. Dann den Pak Choi hinzugeben und für 5 Minuten ruhen lassen. Kräftig mit mehr Sojasoße oder Salz würzen.

Die Nudeln anhand der Packungsanleitung garen. Anschließend gekochte Nudeln auf zwei Tellern verteilen und Kräuter, einem Teil der Frühlingszwiebel und eventuell auch Chili hinzugeben. Pilze und Tofu in die Brühe geben und mit einer Kelle über den Nudeln verteilen. Mit Kräutern, restlicher Frühlingszwiebel und Chili (wenn du es scharf magst) garnieren.

GEMÜSE-KICHERERBSEN-PAELLA

4 PERSONEN

- Olivenöl
- 1 Zwiebel (circa 110 g),
  geschält und in feine Scheiben
  geschnitten
- 2 Knoblauchzehen
- 1 Gemüsebrühwürfel
- 200 g Paellareis
- 1 EL Paprikapulver
- 1 TL Safran
- 150 g braune Champignons,
  geschnitten
- 1 rote Paprika,
  in Scheiben geschnitten
- 1 gelbe Paprika,
  in Scheiben geschnitten
- 100 g Tomaten, gewürfelt
- Salz und Pfeffer
- 400 g Kichererbsen
  aus der Dose, abgegossen
  und gewaschen
- Frische Petersilie
  zum Garnieren, gehackt

Spirulina bietet vielleicht eine vollständige Proteinquelle, doch damit kann dieses Gericht auch aufwarten. Die Kombination von Reis und Bohnen beinhaltet alle Aminosäuren, die dein Körper braucht. In Anbetracht der Tatsache, dass Spirulina pro Einheit nur 3 g Protein enthält, bietet diese Mahlzeit viel mehr, und du bist wirklich besser dran, wenn du einfach dieses Gericht isst. Es schmeckt auch nicht wie das besagte Tümpelwasser, also steht der Gewinner eigentlich schon fest.

Bei mittlerer Hitze einen Schuss Olivenöl in einer tiefen Pfanne erwärmen. Zwiebelscheiben hinzugeben und fünf Minuten unter Rühren anbraten.

Den Knoblauch schälen und pressen, dann in die Pfanne geben und für einige Minuten ebenfalls anbraten.

Den Gemüsebrühwürfel in 500 ml Wasser auflösen. Den Reis in die Pfanne geben und unter Rühren für einige Minuten anbraten. Dann mit der Brühe ablöschen.

Die Gewürze und anschließend das Gemüse hinzugeben. Mit Salz und Pfeffer abschmecken. Falls der Reis trocken aussieht, etwas Wasser hinzugeben. Gründlich umrühren, damit nichts ansetzt.

Wenn der Reis fast gar ist, die Kichererbsen unterrühren. Abschmecken und je nach Bedarf nachwürzen, insbesondere falls noch Salz fehlt.

Sofort mit frischer Petersilie servieren.

GRÜNE SPARGELSUPPE

2 PERSONEN

- Olivenöl
- 3 Knoblauchzehen
- 1 Zwiebel (circa 110 g), geschält und grob gehackt
- 500 g grüner Spargel
- 1 Gemüsebrühwürfel
- Salz und Pfeffer
- 1–2 EL Zitronensaft

Spargel schmeckt deutlich besser als Weizengras. Und eine Spargelsuppe schmeckt deutlich besser als eine Weizengrassuppe. Mehr muss man nicht wissen!

Bei mittlerer Hitze einen Schuss Olivenöl in einem großen Topf erwärmen.

Den Knoblauch schälen und pressen, dann gemeinsam mit den Zwiebel-würfeln in die Pfanne geben. Einige Minuten anbraten.

Die holzigen Enden vom Spargel entfernen, das übrige Stück in drei Teile schneiden. Spargelstücke mit in die Pfanne geben und einige Minuten anbraten.

Den Gemüsebrühwürfel in 700 ml Wasser auflösen. Brühe anschließend in die Pfanne geben und den Inhalt aufkochen lassen.

Mithilfe eines Pürierstabs oder Küchenmixers den Topfinhalt zu einer glatten Masse pürieren. Wenn die Suppe noch sehr flüssig ist, kannst du sie noch ein wenig köcheln lassen.

Mit Salz, Pfeffer und Zitronensaft abschmecken und mit einem leckeren Krustenbrot servieren.

GRÜNER SALAT MIT BOHNEN

3–4 PERSONEN

- 1 Süßkartoffel (circa 200 g), geschält und gewürfelt
- Olivenöl
- 1 Prise Salz
- 1 Prise Paprikapulver
- 250 g Spargel
- 200 g Broccolini
- 100 g Blattspinat
- 1 große Avocado, gewürfelt
- 100 g Zuckerschoten
- 400 g Kichererbsen aus der Dose, abgegossen und gewaschen
- 400 g Kidneybohnen aus der Dose, abgegossen und gewaschen
- 1 Glas Basilikumpesto (190 g)

Weizengras schmeckt scheiße. Zum Glück ist Grünzeug wie Brokkoli, Spargel, Zuckerschoten und Spinat lecker – vor allem, wenn man es miteinander kombiniert. Praktischerweise finden sich in diesem Salat gleich sechs Gemüsesorten wieder (sieben, wenn du die Bohnen hinzugibst, und das solltest du).

Den Ofen auf 220 °C Ober-/Unterhitze (200 °C Umluft) vorheizen.

Die Süßkartoffelwürfel auf einem Backblech verteilen und mit Olivenöl, Salz und Paprikapulver würzen. Für 20 Minuten im Ofen garen, bis die Süßkartoffelwürfel weich sind.

In der Zwischenzeit die holzigen Enden des Spargels entfernen und das übrige Stück in drei Teile schneiden.

Den Broccolini halbieren und für 5 Minuten dünsten oder kochen. Spargelstücke für 3–4 Minuten dünsten oder kochen, bis sie gar sind, aber noch Biss haben.

Blattspinat in Streifen schneiden und die Avocado würfeln.

Alles in einer Schüssel anrichten: gegarte Süßkartoffel, gekochtes Grüngemüse, rohe Zuckerschoten, Spinat, Avocado, Kichererbsen und Bohnen. Das Pesto hinzugeben und gründlich mischen.

BEEREN-CRUMBLE

4 – 6 PERSONEN

- 150 g Blaubeeren
- 150 g Erdbeeren
- 150 g Brombeeren
- 2 EL Ahornsirup
- 175 g Weizenmehl
- 125 g ungesalzene Butter, Zimmertemperatur
- 125 g Demerara-Rohrzucker
- 1 TL Zimt
- 2 EL Haferflocken oder Mandelblättchen
- Vanillepudding, Vanillesoße oder Joghurt zum Servieren

Blaubeeren, Erdbeeren und Brombeeren zählen zu den klassischen Beerensorten in unseren Breitengraden. Warum sollte man sich also für Açaíbeeren entscheiden, die erst um den halben Globus geflogen werden müssen? Die Beeren schmecken köstlich als Crumble.

Den Ofen auf 170 °C Ober-/Unterhitze (150 °C Umluft) vorheizen.

Beeren und Ahornsirup in einem Topf erhitzen und 15 Minuten lang einkochen lassen.

Mehl und Butter in einer Schale vermengen und mit den Fingern zu Streuseln formen.

Zucker, Zimt und Haferflocken bzw. Mandelblättchen miteinander vermengen. Am besten wieder die Hände dafür zu Hilfe nehmen.

Die Beeren in eine Auflaufform füllen.

Die Streusel (also den »Crumble«) obenauf streuen. Sie sollten ebenmäßig verteilt sein, aber schiebe sie nicht lange hin und her.

Für 30 Minuten backen, bis der Crumble kross und lecker aussieht. Mit Vanillepudding, Vanillesoße oder Joghurt servieren.

TIPP Du kannst den Crumble auch mit TK-Beeren machen. Tau sie vor dem Einkochen auf, um das überschüssige Wasser loszuwerden.

KEINE-AÇAÍ-BOWL

1 PERSON

- 1 gefrorene, in Scheiben geschnittene Banane
- 80 g gefrorene Blaubeeren
- 80 g gefrorene Erdbeeren
- Ein Schuss Milch (egal welche)
- Mögliche Toppings: Bananen-scheiben, Beeren, Kokosraspeln, Müsli, frische Minze

Açaí-Bowls schmecken mal so, mal so. Ich habe schon eiskalte, richtig miese serviert bekommen, aber auch richtig leckere, in denen noch haufenweise andere gute Zutaten waren, wie zum Beispiel gefrorene Blaubeeren. Das ergibt Sinn, weil Açaíbeeren nicht viel Eigengeschmack haben, Blaubeeren hingegen schon. Warum sollte man sich also nicht Geld (und Flugmeilen) sparen und direkt eine leckere Açaí-Bowl ohne Açaíbeeren machen — eine Keine-Açaí-Bowl.

Du brauchst einen sehr leistungsstarken Pürierstab hierfür. Die Zutaten in der oben aufgeführten Reihenfolge in das Mixgerät geben.

Gib die Milch je nach Bedarf nach und nach dazu. Sei geduldig beim Mixen und kratze den Rand des Mixgeräts regelmäßig ab. Das Endergebnis sollte eine glatte und super dickflüssige Masse sein.

Beerenpüree in eine Schüssel füllen und die Toppings vorbereiten. Hau einfach alles drauf, falls du es eilig hast, oder richte die Bowl richtig schön an und mach ein Instagram-Foto. Ich finde beides okay.

Basen

DER BASEN-MYTHOS

Über manche Mythen kann man kaum vernünftig schreiben, weil es so schwierig ist, sich Sticheleien und Sarkasmus zu verkneifen. Und das sage ich nicht, weil ich von oben auf die Leute herabsehe, die an die Basen-Diät glauben (das wäre angesichts meiner eigenen Historie ziemlich frech), sondern weil es mich wütend macht, dass es Diätgurus gibt, die andere damit ausbeuten. Die Basen-Diät bringt mich echt auf hundertachtzig.

Worum geht es also bei der Basen-Diät (auch Säure-Basen-Diät genannt)? Sie basiert auf der Annahme, dass der Körper ein Gleichgewicht von Säuren und Basen braucht und dass Krankheiten von einer Übersäuerung herrühren. Anhänger dieser Diät behaupten, dass unser pH-Wert — auch der im Blut — von dem beeinträchtigt wird, was wir essen und trinken. Also soll man einen Haufen basischer Lebensmittel (vor allem Obst und Gemüse) essen und Säurehaltiges (hauptsächlich Fleisch und Milchprodukte) meiden. Das ist ein riesiger Haufen Diätbullshit und geht viel weiter, als die Aufforderung, einfach nur mehr Gemüse zu essen.

 ## SÄUREN UND BASEN

Der pH-Wert bestimmt die Wasserstoffkonzentration (H+), die ein Säuremaß ist. Er zeigt auf, wie sauer oder wie alkalisch, also basisch, ein Stoff ist. Eine Säure hat einen niedrigen pH-Wert (damit eine hohe Wasserstoffkonzentration) und eine Base einen hohen. Wasser hat bei Raumtemperatur grundsätzlich einen neutralen pH-Wert von 7.

Die Frage nach dem pH-Wert deines Körpers ist genauso idiotisch wie die Frage nach der Temperatur der Erde: Er ist unterschiedlich! Der Speichel in deinem Mund hat einen neutralen pH-Wert von 6 bis 7,5, wodurch die optimale Funktion der Speichelenzyme unterstützt wird, wie zum Beispiel die der Amylasen (nämlich die Spaltung von Kohlenhydraten). Der Magen wiederum hat einen stark sauren pH-Wert von etwa 1,5 bis 3, was auf die dort vorhandene Salzsäure (HCl) zurückzuführen ist. Auch hier geht es um die Gewährleistung der Optimalfunktion von Enzymen, die für den Abbau von Proteinen verantwortlich sind. Im Darm wird diese Säure dann durch die Gallsubstanz neutralisiert, um den alkalischen Voraussetzungen der Dünndarm-Enzyme zu entsprechen. Abschließend wird der pH-Wert im Dickdarm wieder etwas saurer bis neutral (5,5 bis 7), da dort keine Verdauungsenzyme aktiv sind, und es kommt zur Ausscheidung.

Es gibt keinen »Körper-pH-Wert«! Der pH-Wert ist von Organ zu Organ unterschiedlich.

pH-Skala

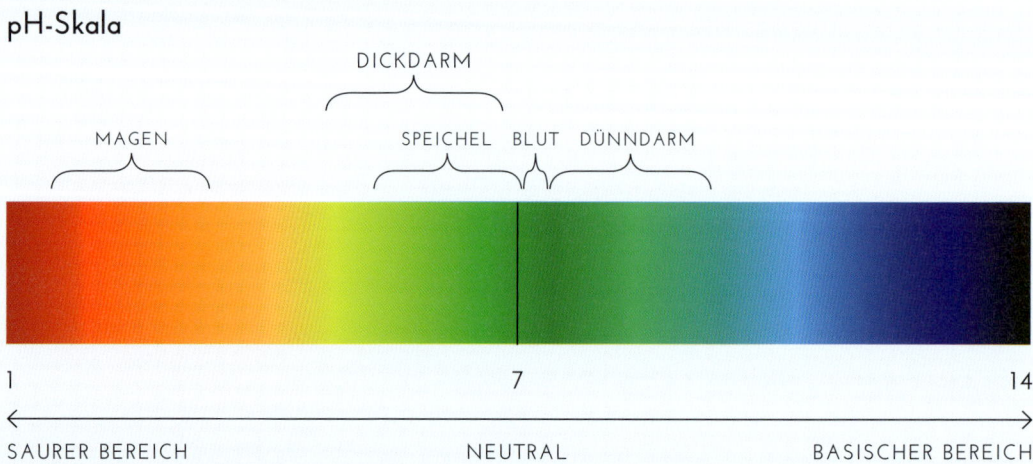

Der pH-Wert wird streng reguliert, vor allem der des Blutes. Der Blut-pH-Wert liegt bei 7,35 bis 7,45. Alles unter einem pH-Wert von 7,35 gilt als Azidose (krankhafte Übersäuerung) und alles über 7,45 als Alkalose (Säuredefizit). Abweichungen von mehr als 0,4 pH-Einheiten sind tödlich, daher die strenge Regulation. Folglich ist jeder Wert unter 7 und über 7,7 fatal.

Lunge, Darm, Nieren und Leber spielen wichtige Rollen bei der Säure-Basen-Regulierung. Der Körper ist bestrebt, den Wert innerhalb dieser 0,1-Zone zu halten, denn die pH-Skala ist logarithmisch angelegt, was bedeutet, dass eine Abnahme des pH-Werts um eine Einheit (beispielsweise von 7 auf 6) einer zehnfachen Wasserstoffmenge entspricht. Das ist heftig. Die meisten Enzyme funktionieren nur in engen pH-Bereichen, und das Säure-Basen-Verhältnis kann sich auf Elektrolyte, Hormone und die Knochensynthese auswirken. Wenn der pH-Wert einer Zelle sich zu stark verändert, verändert sich das Enzym in Art und Form und wird unbrauchbar. Es kann seiner Bestimmung nicht mehr nachkommen, sei es für die Verdauung von Nahrung, den Grundaufbau von Hormonen oder das Ablagern von Knochenmaterial. Der pH-Wert muss stimmen, damit Zellen richtig funktionieren.

Wenn du deinen Säurewert testweise kurz erhöhen willst, kannst du einfach die Luft für 60 Sekunden anhalten. Und wenn du ihn drastisch senken willst, brauchst du nur heftig zu hyperventilieren. Fühlt sich beides nicht besonders gut an, oder? Du spürst, wenn dein Körper übersäuert ist oder an einem Säuredefizit leidet. Der Unterschied ist klar. Das liegt daran, dass die Lunge schnell auf verschiedene pH-Werte reagiert, indem sie den Anteil des Kohlendioxids (CO_2) im Blut erhöht. Das ist das Kohlensäuren-Bicarbonat-Puffersystem.

Aber Moment: Was ist ein Puffersystem? Ich weiß, dass viele auf Durchzug stellen, sobald ich anfange, von Biochemie zu reden. Das ist okay, ihr könnt das nächste Kapitel einfach überspringen. Aber einige denken vielleicht auch, dass es nicht reicht, wenn ich einfach behaupte, dass der Körper über krasse Regulierungen in Form von Puffersystemen verfügt, die den pH-Wert im Zaum halten. Um diese Neugierde zu stillen, kommt nun ein wissenschaftlicher Exkurs. Tief Luft holen, es geht los.

ETWAS PUFFER, BITTE

Puffer verbrauchen kleine Mengen an Säure oder Base. Der Körper verfügt über drei Haupt-Puffersyteme:

1. Plasmaproteine
2. Kohlensäure-Bicarbonat-System
3. Phosphatpuffer

Ihre Funktionsweisen sind ähnlich. Kleine Mengen überschüssiger Säure oder Base werden von den Proteinen im Blut (z. B. Hämoglobin) aufgenommen. Phosphat ist auch dazu in der Lage, aber der Phosphatpuffer spielt eine eher untergeordnete Rolle, da nur wenig davon im Blut steckt. Das Kohlenstoffsäure-Bicarbonat-System ist da schon interessanter.

Das Kohlensäure-Bicarbonat-System fußt auf der Tatsache, dass jede Zelle beim Stoffwechsel Kohlendioxid als Abfallprodukt entstehen lässt (zum Beispiel Glukose + Sauerstoff → Wasser + Kohlendioxid + Energie). Das Kohlendioxid gelangt in den Blutkreislauf und beeinflusst den pH-Wert des Blutes, da es säurehaltig ist. Im Blut reagiert Kohlendioxid (CO_2) mit Wasser (H_2O), wodurch ein Bicarbonat-Ion (HCO_3^-) und ein Wasserstoff-Ion (H^+, eine Säure) entstehen.

Zellen können ihren pH-Wert anpassen oder auch ihre Stoffwechselrate ändern. Dadurch variiert die Höhe des Kohlendioxids, das in den Blutkreislauf gerät. Die Lunge wiederum ist der Hauptregulator des pH-Werts, da sie dir erlaubt, Kohlendioxid per Ausatmung loszuwerden. Sobald der Atemrhythmus verändert wird, verändert sich der Kohlendioxidanteil im Blut, weswegen Hyperventilation ein alkalisches Milieu und Hypoventilation (Luftanhalten) ein eher säurehaltiges Milieu schaffen. Das ist die größte Krux der Puffersysteme: Sie sind nur vorübergehende Lösungen und schaffen die Säure nicht aus dem Körper. An der Stelle kommen deine Lungen und Nieren ins Spiel, indem sie das Kohlendioxid ausatmen und HCO_3^- (Bicarbonat-Ion) über den Urin ausscheiden.

Ich erzähle dir das alles nicht, um dich mit Infos zuzuschütten (wobei mir klar ist, dass das der Fall sein könnte); was ich eigentlich verdeutlichen möchte, ist, dass die körpereigene Regulierung des pH-Werts ein aufwändiger und komplexer Vorgang ist.

Aber statt das nur anzudeuten, möchte ich es dir genauer erklären und beweisen, dass das wirklich so ist. Dein Körper verfügt über genaue Mechanismen, die jegliche Form von Veränderungen erkennen, sei es des pH-Werts, des Blutdrucks oder der Körpertemperatur. Diese Regulierung ist Teil der Homöostase, welche ein Gleichgewicht der physiologischen Körperfunktion gewährt.

 ## DER GROSSE KALZIUM-MYTHOS

Interessanterweise kann Kalzium ebenfalls als Säurepuffer wirken. Deswegen behaupten einige, es gleiche die Säure von Fleischgerichten aus, was zu Kalziumverlust in den Knochen führe. In Wirklichkeit gibt es jedoch keine nachhaltigen Beweise dafür, dass der Konsum tierischer Proteine sich schädlich auf die Knochengesundheit auswirkt [1, 2, 3]. Wie kommt man also zu dieser Annahme? Es wird eher vermutet, dass erhöhter Proteinkonsum zu einem erhöhten Kalziumniveau in deinem Körper führt [4] und dass das frisch konsumierte Kalzium schließlich über den Urin ausgeschieden wird, nicht etwa das Kalzium deiner Knochen. Also, ja, du verlierst Kalzium über deinen Urin, aber das stammt fast ausschließlich aus deinem Essen und nicht aus deinen Knochen. Dein Körper zieht kein Kalzium aus deinem Skelett, um die »Säurebelastung« tierischer Proteine auszugleichen. Zumindest nicht, solange du genug Kalzium über deine Ernährung zu dir nimmst, und praktischerweise steckt reichlich davon in Milchprodukten.

Aber Moment! Es gibt doch eine Statistik, die beweist, dass Bewohner von Ländern mit erhöhtem Milchkonsum an einem erhöhten Maße an Osteoporose erkranken! Stimmt, es gibt dazu eine Grafik. Aber das könnte eine Scheinkorrelation sein und heißt nicht zwangsläufig, dass eins das andere bedingt. Zweitens gibt es zahlreiche Variablen in dieser Gleichung, wie beispielsweise die allgemeine Ernährungsweise, spezifische Bestandteile der Ernährung (z.B. der Gemüsekonsum) und der individuelle Lebenswandel (z.B. Stressbelastung).

ZU SAUER?

Der Körper produziert durch Nahrungsaufnahme, Stoffwechsel und Atmen, also das Entstehen von Kohlendioxid, mehr säurehaltige als basische Stoffe. Vielleicht fokussiert man sich bei der Basen-Diät deshalb so sehr auf die Azidose.

Zu den klassischen Azidose-Symptomen zählen Schwäche, Orientierungslosigkeit und die Abnahme der Funktionsweise des Zentralnervensystems. In schweren Fällen kann Azidose zum Koma oder Tod führen.

Zu den Symptomen der Alkalose zählen Übererregbarkeit des zentralen und peripheren Systems, Taubheit und Benommenheit (ähnlich wie bei einer Panikattacke). In schweren Fällen kann es zu Muskelkrämpfen, unkontrolliertem Zucken, Bewusstlosigkeit oder sogar zum Tod kommen.

»Übersäuerung« kann man nicht mal eben mit dem Futtern von Grünzeug beheben. Stattdessen muss man ins Krankenhaus und Laktat-Infusionen erhalten. Ein Säuredefizit ist ein ebenso ernstes Problem und wird mit intravenös verabreichten Chloridlösungen behandelt. Beim Essen wird der pH-Wert der Nahrung an verschiedenen Stationen der Verdauung verändert, um sie den jeweiligen Verdauungsenzymen ideal anzupassen: erst sauer im Magen, dann eher basisch im Darm. Kein Lebensmittel kann es mit der Armada an Enzymen und ihren jeweiligen pH-Ansprüchen aufnehmen.

WAS IST DAS PROBLEM?

Vom ernährungswissenschaftlichen Standpunkt aus gesehen beinhaltet die Basen-Diät durchaus Positives, insbesondere da sie zum Konsum von Obst und Gemüse rät. Davon kann die britische Bevölkerung sicherlich profitieren – immerhin essen 70 % der Leute nicht genug davon [5].

Was ist also das Problem? Mehr Obst und Gemüse zu essen ist doch etwas Gutes, oder? Das stimmt, aber auch ein guter Appell kann unter einem riesigen Haufen (echt saurem) Bullshit verschwinden.

Hier sind einige Aussagen der Pro-Basen-Diätgurus:

»Menschen, die an Übersäuerung leiden, weisen oft Symptome ähnlich einer Angststörung auf: Durchfall, erweiterte Pupillen, Überspanntheit, Müdigkeit am frühen Morgen, Kopfschmerzen, Hyperaktivität, Schlaflosigkeit, Nervosität, Herzrasen, unruhige Beine, Atemnot, starker Appetit, Bluthochdruck, warme, trockene Hände und Füße.«

Um die »Queen of Green«, Natasha Corrett, zu zitieren: »Einige Lebensmittel produzieren Säure ... Wenn man zu viel davon isst, muss der Körper sich verausgaben und zieht Mineralien aus den Knochen, um das Säure-Basen-Gleichgewicht wiederherzustellen.«

Die Basen-Diät funktioniert, aber nur in der Hinsicht, dass sich damit das Gewicht regulieren lässt. Wenn man eine Handvoll simpler Regeln bekommt – »gutes« und »schlechtes« Essen wird zu »basischem« und »saurem« Essen – und Kalorien einspart, kann das schnell zu Gewichtsverlusten führen. Doch anscheinend reicht das noch nicht. Die Behauptungen der Basen-Aktivisten reichen von eher zahmen Bekundungen in Richtung Abnahme bis hin zu besserer Haut oder der Heilung von Krebs. Ja, manche gehen so weit in ihren Aussagen. Sie behaupten, Krebs heilen zu können. Und hier wird es schmutzig.

Die Basen-Diät geht davon aus, dass der Körper am besten »basisch« funktioniert. Es gibt allerdings unterschiedliche Meinungen dazu, was Säure anrichten kann. Manche sagen, ein übersäuerter Körper sei die Wurzel jeder Erkrankung, andere wiederum behaupten schlicht, dass »Krankheiten in einem basischen Umfeld nicht bestehen können und in sauren Zonen gedeihen«. Oder wie Natasha Corrett sagt: »Der Körper kann im basischen Zustand keinen Krebs bekommen; Krebs lässt durch Säure Krankheiten im Körper entstehen.«

Krebszellen teilen sich sehr schnell und benötigen infolgedessen sehr viel Energie. Sie nutzen eine Form der Energiegewinnung, die nicht so viel Sauerstoff benötigt und Laktat entstehen lässt – also Milch*säure*. Das geschieht in einigen – aber nicht allen – Fällen in der Mikroumgebung der Krebszellen, nicht jedoch im gesamten Körper, und macht ihn dementsprechend auch nicht »sauer«. Das ist ein Nebenprodukt einer Krebserkrankung und nicht deren Ursache. Außerdem gibt es keinen Zusammenhang mit dem pH-Wert des Blutes.

Wenn der Schlüssel zur Gesundheit wirklich in einem »basischen Zustand« liegt, warum wird einem dann dazu geraten, teure Maschinen zu kaufen, die Wasser basisch aufbereiten? Warum kann man nicht einfach (hochgradig basische) säurebindende Tabletten einnehmen? Weil das schlicht nicht geht. Wenn säurebindende Tabletten Krebs verhindern würden, wäre jeder, der jemals an Sodbrennen gelitten hat, immun.

Es stimmt, dass ein basisches Umfeld Krebszellen tötet. Aber es tötet auch sonst so ziemlich jede Zelle im Körper. Dein Krebs wäre also weg, aber du auch.

Azidosen, also Störungen im Säure-Basen-Haushalt des Körpers, sind ein Symptom und keine Ursache von Krebs. Dazu kann es bei Krebserkrankungen, schlimmen Durchfällen, Diabetes oder Leberversagen kommen – um nur einige Beispiele zu nennen. Azidose ist nicht der Grund für diese Krankheiten, also behandelt eine basische Ernährung auch nicht die Grundursache, auch wenn das ihr Hauptverkaufsargument ist.

Doch Natasha Corrett sagt, dass der Konsum von sauren Lebensmitteln den Körper belaste, da er sich für die Homöostase verausgaben müsse, was auf lange Sicht zu üblen Konsequenzen führen könne. Aber würde es nicht auch dazu kommen, wenn man sich ausschließlich basisch ernährt? Der pH-Wert des Blutes ist doch nahezu neutral. Würde das nicht bedeuten, dass zu viel basisches Essen den Körper ebenfalls belastet? Das ist doch keine Einbahnstraße. Und warum bringt niemand diese Argumentationsweise in Bezug auf die Körpertemperatur hervor, die ebenfalls streng reguliert wird? Ist es nicht auch eine »Belastung für den Körper«, dauerhaft in Gefilden zu leben, deren Temperaturen nicht seiner eigenen (37 °C) entsprechen? Nein, er kommt damit zurecht.

WARUM IST DIE BASEN-DIÄT SO POPULÄR?

Die Basen-Diät folgt einfachen Regeln. Sie teilt Lebensmittel in zwei schlichte Kategorien ein und schreibt vor, was davon erlaubt ist. Das ist schön unkompliziert. Derlei Ernährungsregeln können jedoch zu einem gestörten Verhältnis zum Essen führen, das Sozialleben beinträchtigen oder sogar den Vitaminhaushalt durcheinanderbringen.

Natasha Corrett und ihre Kumpane behaupten, dass eine saure Ernährung dazu führt, dass man anfälliger für Erkältungen, schlechte Haut und stumpfes Haar ist. Wenn die Strahlkraft deiner Haare (für die es übrigens keine Garantie gibt) dir wichtiger ist als deine geistige Gesundheit, dann nur zu.

Die Basen-Diät ruht sich auf der Tatsache aus, dass die meisten Leute schon einmal etwas vom pH-Wert gehört haben und er ihnen durch den Schulunterricht noch vage bekannt vorkommt. Das verleitet sie zu glauben, die Diät sei wissenschaftlich fundiert, auch wenn das nicht den Tatsachen entspricht. Allein schon dass Zitronen als »basisch wirkend« betrachtet werden, zeigt auf, wie inkonsequent und unwissenschaftlich die Basen-Diät ist. Zitronensaft enthält eine gehörige Portion Zitronensäure, ja *Säure*, und wird auch als Konservierungsstoff eingesetzt – eben weil es eine Säure ist. Und trotzdem soll diese Säure mit einem pH-Wert von circa 2,2 sich auf magische Weise in etwas Basisches verwandeln, wenn du sie isst? Ich glaube nicht.

Die Fürsprecher der Basen-Diät bieten dir sogar eine »wissenschaftliche« Methode an, um ihre Wirkkraft zu beweisen: die Messung des pH-Werts deines Urins (z. B. durch das Pinkeln auf ein entsprechendes Stäbchen). Praktischerweise kannst du solche Stäbchen ganz einfach über die Webseiten der Leute beziehen, die für die Basen-Diät werben. Dort bekommst du auch teure Maschinen, die dein Wasser basisch aufbereiten. Leider verraten diese Stäbchen jedoch recht wenig über den pH-Wert deines Körpers, da Urin ein Abfallprodukt und somit kein Teil von dir ist – nicht einmal, wenn er noch in deiner Blase steckt.

Den pH-Wert deines Urins zu überprüfen ist ziemlich harmlos (wenn auch etwas zwanghaft), aber wenn es um Krebs geht, sieht die Sache anders aus. Ich bin wirklich

PIXIE-TIPP
Vergiss die Basen-Diät und versuch unabhängig davon, ausreichend Obst und Gemüse zu essen.

überzeugt davon, dass es einen speziellen Kreis in der Hölle gibt, der für diejenigen reserviert ist, die verletzliche Patienten ausbeuten, die eine Krebsdiagnose erhalten haben. Jemandem falsche Hoffnungen zu machen und ihm die Schuld zuzuweisen, wenn die »Behandlung« nicht anschlägt, ist unmenschlich. Ich würde nie jemanden verurteilen, weil er auf dubiose Krebstherapien hereinfällt. In der Vergangenheit war ich selbst das Opfer pseudowissenschaftlicher Aussagen und kann nachvollziehen, dass jemand absolut alles versuchen möchte. Aber diese Menschen auszunutzen? Selbst wenn man voll und ganz an diese »Therapien« glaubt, muss man sich doch fragen, ob nicht etwas falsch läuft, wenn die Patienten nach und nach sterben. Etwas besser machen? Seine Praktiken ändern?

Zu behaupten, dass etwas Krebs behandeln oder heilen könnte, ist bei einem Mangel an handfesten Beweisen in Großbritannien gemäß des *Cancer Act 1939* illegal. Aus diesem Grund finden sich auf den Basen-Werbeseiten stichfeste Disclaimer, die besagen, dass die dort zu findenden Informationen nicht zu Diagnose- oder Heilungszwecken dienen. Warum liefern sie keine Beweise? »Es gibt keine wissenschaftliche Literatur, die den Nutzen einer basischen Ernährung hinsichtlich der Krebsvorbeugung belegt.« [6] Warum macht man dann nicht einfach Studien und beweist, wie wirkungsvoll die Behandlung ist? Wissen die Zuständigen in ihrem tiefsten Inneren, dass es nichts bringt und dass bis dato alle Experimente zeigen, dass die Basen-Diät absoluter Bullshit ist [1, 2, 3]? Mich verstört das, und es macht mich trauriger und wütender als alles andere, dem ich bisher begegnet bin.

Letzten Endes sieht es so aus: Eine Ernährung mit vielen »sauren« Speisen, das heißt eine Ernährung ohne viel Obst und Gemüse, ist die typisch westliche Ernährung. Wir wissen, dass sich diese Art der Ernährung negativ auf die Gesundheit auswirkt, aber das hat nichts mit einer »Übersäuerung« des Körpers zu tun [7]. Wenn ein übertriebener Konsum saurer Nahrungsmittel schlecht ist, sollte das auch für einen zu starken Fokus auf basische Nahrungsmittel gelten. Die logische Schlussfolgerung lautet, dass man derlei Label und diese Zweiteilung loswerden und einfach ausgewogen essen sollte. So ... Schön, dass wir das geklärt haben.

Viele Lebensmittel, die als säurehaltig gelten – wie zum Beispiel die meisten Getreidesorten, Bohnen, Nüsse, Öle und Käsesorten –, haben einen tollen gesundheitlichen Nut-

Den pH-Wert deines Urins zu überprüfen ist ziemlich harmlos, aber wenn es um Krebs geht, sieht die Sache anders aus.

zen und sind außerdem wunderbare Geschmackskomponenten, die manche Gerichte erst richtig lecker machen. Hoffentlich kann ich das mit den folgenden Rezepten beweisen und dir außerdem verdeutlichen, dass man Zutaten nicht meiden muss, nur weil sie als »säurehaltig« gelten.

PIXIE-TIPP
Mach dich nicht wegen der pH-Werte deines Essens verrückt. Viele tolle und nährstoffreiche Lebensmittel wie zum Beispiel Bohnen oder Getreide gelten als säurehaltig!

Die Basen-Diät ruht sich auf der Tatsache aus, dass die meisten Leute schon einmal etwas vom pH-Wert gehört haben und er ihnen durch den Schulunterricht noch vage bekannt vorkommt. Das verleitet sie zu glauben, die Diät sei wissenschaftlich fundiert, auch wenn das nicht den Tatsachen entspricht.

AUBERGINENAUFLAUF

2 PERSONEN

- Olivenöl
- 1 kleine Zwiebel
  (circa 80–100 g), geschält
  und grob gehackt
- 3 Knoblauchzehen,
  geschält und gepresst
- 400 g fein gehackte Tomaten
  aus der Dose
- 1 EL Tomatenmark
- Salz und Pfeffer
- Ein kleines Bund frisches
  Basilikum, grob gehackt
  (und ein wenig zusätzliches
  Basilikum zum Garnieren)
- 1 Aubergine (circa 300 g)
- 1 Mozzarella-Kugel
  (circa 220 g Füllmenge)
- Fein geriebener Parmesan
  (so viel du magst!)
- 20 g frische oder getrocknete
  Semmelbrösel (optional)

Das ist ein wirklich leckeres und ansprechend aussehendes vegetarisches Gericht. Ich gebe offen zu, dass »säurehaltiger« Käse darin vorkommt, aber du weißt ja jetzt, dass Käse kein Kalzium aus deinen Knochen saugt. Also alles gut.

Den Ofen auf 200 °C Ober-/Unterhitze (180 °C Umluft) vorheizen.

In einer kleinen Pfanne Olivenöl bei mittlerer Hitze erwärmen, dann die Zwiebel hinzugeben und 5 Minuten anbraten. Den Knoblauch zugeben und weitere 5 Minuten braten. Anschließend Tomaten und Tomatenmark zugeben. 5 Minuten köcheln lassen, mit Salz, Pfeffer und ein wenig Basilikum würzen. Pürieren für eine feine Soße. Du kannst sie jedoch auch stückig lassen, ganz wie du magst.

Die Aubergine fast ganz durchschneiden. Jedoch nicht komplett, sodass sie ihre Form behält. Den Mozzarella in dünne Scheiben schneiden. Die Tomatensoße in eine große Auflaufform gießen.

Je ein Basilikumblatt und eine Mozzarellascheibe zwischen die Auberginenscheiben stecken. Dann die Aubergine auf die Tomatensoße betten. Mit ein wenig Parmesan und Semmelbröseln (falls vorhanden) bestreuen und mit ein wenig Olivenöl beträufeln. Mit einer Folie abdecken und eine Stunde im Ofen backen.

Die Folie abnehmen und die Aubergine noch einmal großzügig mit Parmesan bestreuen. Dann die Auflaufform ohne Folie zurück in den Ofen geben und weitere 10–15 Minuten backen.

Sobald die Backzeit beendet ist, restliches Basilikum über die Aubergine geben und servieren.

CHILI MIT SCHWARZEN BOHNEN

3 PERSONEN

- Oliven- oder Pflanzenöl
- 1 Zwiebel (circa 110 g), geschält und fein gewürfelt
- 2 Knoblauchzehen
- 1 EL Paprikapulver
- 1 TL Kreuzkümmel
- 1 Prise Chiliflocken, zum Verfeinern
- 400 g fein gehackte Tomaten aus der Dose
- 1 Gemüsebrühwürfel
- 400 g schwarze Bohnen aus der Dose, abgegossen und gewaschen
- 400 g Kidneybohnen aus der Dose, abgegossen und gewaschen
- Salz und Pfeffer
- Naturjoghurt und frischer Koriander, als Beilage

Wusstest du, dass Bohnen als »säurehaltiges« Lebensmittel und daher als »schlecht« eingestuft werden? Das ergibt wenig Sinn, wenn man bedenkt, dass sie eine tolle Protein- und Ballaststoffquelle sind. Na ja, immerhin werden sie in diesem Rezept mit tollen »basischen« Zwiebeln und Tomaten kombiniert, was vielleicht das Gleichgewicht wiederherstellt? Wobei: Ist auch egal, weil die Basen-Diät absoluter Bullshit ist. Puh.

Eine kleine Menge Öl bei mittlerer Hitze in einer Pfanne erwärmen. Zwiebel zugeben und 5 Minuten braten.

Knoblauch schälen und pressen, dann zur Zwiebel zugeben. 2 Minuten braten.

Paprikapulver, Kreuzkümmel und Chiliflocken in die Pfanne geben. 2 Minuten mitbraten. Gut umrühren.

Die gehackten Tomaten hinzugeben, dann die leere Dose zur Hälfte mit Wasser auffüllen und ebenfalls zugeben. Temperatur erhöhen und Gemüsebrühwürfel zufügen.

Nach 5 Minuten die Bohnen abgießen und in die Pfanne geben.

Das Chili 15–20 Minuten köcheln lassen, bis es dickflüssiger wird.

Mit Salz und Pfeffer abschmecken.

Mit Joghurt und frischem Koriander servieren.

KÜRBISLASAGNE

6 – 8 PERSONEN

- 1,4 kg Butternusskürbis
- Olivenöl
- Salz und Pfeffer
- 400 g Zucchini
- 1 Zwiebel (circa 110 g), geschält und fein gewürfelt
- 2 Knoblauchzehen
- 680 g Passata
- 1 EL gemischte Kräuter
- 1 EL gehacktes frisches Basilikum
- 500 ml Crème fraîche
- 200 g geriebener Parmesan
- 500 g Lasagneplatten
- 4 × 125 g Mozzarella-Kugeln, in Scheiben geschnitten

Du brauchst außerdem
- Eine tiefe ofenfeste Auflaufform, circa 23 × 33 cm

Lasagne mit Gemüse statt Fleisch sollte mir doch ein paar Punkte auf der Basen-Skala einbringen, oder? Abgesehen von der Tatsache, dass ich verdammt viel »säurehaltigen« Käse in dieses Rezept eingebaut habe. Ich glaube einfach, dass eine käsefreie Lasagne direkt für die Tonne ist.

Den Ofen auf 220 °C Ober-/Unterhitze (200 °C Umluft) vorheizen.

Den Kürbis schälen und in 5 mm breite Ringe schneiden. Auf ein mit Backpapier ausgelegtes Ofenblech legen, von beiden Seiten mit Olivenöl bepinseln und mit Salz und Pfeffer würzen. Für 30 Minuten im Ofen garen, dann zum Abkühlen beiseitestellen.

Die Zucchini der Länge nach in feine Streifen schneiden, mit Olivenöl bepinseln und mit Salz und Pfeffer würzen. Von beiden Seiten in einer Grillpfanne anbraten oder einige Minuten im Ofen garen. Zum Abkühlen beiseitestellen.

Für die Tomatensoße ein bisschen Olivenöl bei mittlerer Temperatur in einem kleinen Topf erhitzen. Die Zwiebelwürfel zugeben und 5 Minuten braten.

Den Knoblauch schälen und pressen, dann in den Topf geben. 2 weitere Minuten braten.

Passata und Kräuter zugeben und 20 Minuten köcheln lassen.

Für die Béchamelsauce die Crème fraîche mit 50 g Parmesan vermischen und mit Salz und Pfeffer würzen.

Die Auflaufform mit ein wenig Olivenöl einfetten.

FORTSETZUNG
KÜRBISLASAGNE

Zeit zum Stapeln! Gib nur wenig Soße zwischen die Lasagneplatten, damit es für alle reicht. Die Auflaufform zuerst mit einer Schicht Lasagneplatten auslegen, dann ein wenig Tomatensoße aufgeben, gefolgt von etwas Butternusskürbis, ein wenig Béchamelsauce und einer Prise Parmesankäse.
Dann die nächste Schicht Lasagneplatten, Béchamelsauce, Zucchini, mehr Béchamelsauce, mehr Parmesan und wieder von vorn anfangen. Nach der letzten Schicht Lasagneplatten die restliche Tomatensoße über den Auflauf geben und mit einer dünnen Schicht aus Mozzarella-Scheiben sowie dem übrigen Parmesankäse bedecken.

Die Ofentemperatur auf 190 °C Ober-/Unterhitze (170 °C Umluft) senken. Die Lasagne 45 Minuten backen, bis der Käse goldbraun ist und sich die Lasagne leicht schneiden lässt. Heiß servieren!

KÄSEMUFFINS

ERGIBT 9 MUFFINS

- 200 g Mehl
- 1 TL Backpulver
- 100 g Zucchini, gerieben und das überschüssige Wasser abgegossen
- 100 g geriebener Cheddarkäse, etwas mehr zum Garnieren
- 100 g Kirschtomaten, geviertelt
- 1 mittelgroßes Ei, verquirlt
- 50 ml Olivenöl
- 1 TL Paprikapulver
- Salz und Pfeffer

Wenn etwas so Schlichtes wie Weizenmehl als »säurehaltig« bezeichnet wird, ist das ein klarer Hinweis darauf, dass die Basen-Diät ein Haufen Müll und eine schlecht getarnte Abnehmkur ist. Dein Körper wird von diesen Käsemuffins nicht »übersäuert«. Versprochen.

Den Ofen auf 220 °C Ober-/Unterhitze (200 °C Umluft) vorheizen.

Alle Zutaten in einer großen Schüssel miteinander vermischen, bis ein glatter Teig entsteht. Mit Salz und Pfeffer würzen.

Neun Muffinförmchen gleichmäßig befüllen.

Etwas Käse auf jeden Muffin streuen.

Für 15–20 Minuten im Ofen backen, bis die Muffins goldbraun sind und die Stichprobe bestehen.

DREIERLEI FALAFEL

ERGIBT 8 FALAFEL

- Olivenöl
- 1 kleine Zwiebel (circa 80–100 g), geschält und in feine Scheiben geschnitten
- 400 g Kichererbsen aus der Dose, abgegossen und abgespült
- 1 Knoblauchzehe
- 1 EL Zitronensaft
- 1 EL Zitronenabrieb
- 1 TL gemahlener Kreuzkümmel
- 1 TL gemahlener Koriander
- 1 TL gemischte Kräuter
- 2 EL Vollkorn- oder Weizenmehl
- Salz und Pfeffer

Varianten
- Pink: 150 g gekochte rote Bete und 20 g frische Semmelbrösel zugeben
- Grün: 10 g frische Minze, Petersilie und Basilikum zugeben
- Orange: 200 g gekochte Süßkartoffeln zugeben und dafür das Mehl weglassen

Nicht eine, nicht zwei, sondern drei verschiedene Sorten Falafel! Also bekommst du hier sozusagen drei Rezepte in einem. Versuch es mit dem, das dich am meisten anspricht, oder mach gleich alle drei und finde so deinen Favoriten. Kichererbsen sind »säurehaltig« – ernsthaft?! Scheiß auf diesen Basen-Bullshit, und scheiß auf alle, die dir Falafel verbieten wollen. Diese Art von Negativität brauchst du nicht in deinem Leben.

Den Ofen auf 200 °C Ober-/Unterhitze (180 °C Umluft) vorheizen.

Ein bisschen Olivenöl in einer Pfanne aufwärmen und die Zwiebeln darin braten, bis sie weich sind.

Die Zwiebeln in einen Mixer geben und die übrigen Zutaten hinzufügen. Pürieren, bis eine glatte Masse entsteht.

8 etwa gleich große Kugeln formen und auf ein mit Backpapier ausgelegtes Ofenblech legen.

Für 15 Minuten im Ofen backen.

Die Falafel aus dem Ofen nehmen und von beiden Seiten in Olivenöl anbraten, bis sie goldbraun sind.

DIE VOLLE
NACHO-DRÖHNUNG

4 PERSONEN

- 200 g gesalzene Tortillachips
- 120 g Cheddarkäse, gerieben
- 400 g schwarze Bohnen aus der Dose, abgegossen und gewaschen
- 150 g Kirschtomaten
- 2 EL Zitronensaft und ein paar Zitronenspalten zum Garnieren
- Salz und Pfeffer
- 1 große Avocado (circa 250 g)
- Eine kleine Handvoll frische Korianderblätter (optional)

Mais ist »basisch«! Freu dich, und iss so viele Nachos, wie du magst. Die säurehaltige-aber-dennoch-magischerweise-irgendwie-basische Zitrone kommt auch vor.

Den Ofen auf 170 °C Ober-/Unterhitze (150 °C Umluft) vorheizen.

In einer niedrigen ofenfesten Schale oder auf einem großen Teller eine Lage Tortillachips sowie Käse und Bohnen verteilen. Eine weitere Lage obenauf legen.

Backen, bis der Käse geschmolzen ist.

In der Zwischenzeit die Salsa vorbereiten: die Tomaten fein würfeln und in einer kleinen Schale mit einem Esslöffel Zitronensaft sowie einer Prise Salz vermischen.

Für die Guacamole die Avocado in einer kleinen Schale zerdrücken. Einen Esslöffel Zitronensaft und eine Prise Salz und Pfeffer zugeben und vermischen.

Nach etwa 10 Minuten sollte der Käse geschmolzen sein. Tortillas aus dem Ofen holen und Avocado und Salsa darauf verteilen. Mit frischem Koriander anrichten (falls gewünscht) und mit Zitronenspalten servieren.

LINSEN-SÜSSKARTOFFEL-BURGER

ERGIBT 4 BURGER-PATTYS

- 100 g halbierte rote Linsen
- 150 g Süßkartoffeln, geschält und in 1 cm große Würfel geschnitten
- 1 kleine Zwiebel (circa 80 g), geschält und sehr fein gewürfelt
- 1 Knoblauchzehe
- 1 TL gemahlener Kreuzkümmel
- 1 TL Paprikapulver
- 1 TL gemahlener Koriander
- Salz und Pfeffer
- 10 g frische Semmelbrösel
- 1 mittelgroßes Ei, verquirlt
- Olivenöl
- Mehl zum Bestäuben
- Salatblätter, Tomatenscheiben, Avocado und/oder Hummus zum Anrichten

Was bekommt man, wenn man »säurehaltige« Linsen mit einer »basischen« Süßkartoffel kombiniert? Einen super leckeren Burger, richtig.

Die Linsen für 7 Minuten in gesalzenem Wasser kochen. Dann abgießen.

Die Süßkartoffeln in eine Schale geben und 5 Minuten in der Mikrowelle garen, bis sie weich sind. Grob stampfen, dann Zwiebel, Knoblauch, Linsen und Gewürze zugeben. Mit Salz und Pfeffer würzen und gut vermischen. Abschmecken. Semmelbrösel und Ei zufügen.

Das Süßkartoffelgemisch in vier Portionen aufteilen und etwa 2–3 cm dicke Burger-Pattys formen. Öl zugeben, falls die Masse zu trocken ist. Falls sie zu feucht ist, mit Semmelbröseln oder Mehl anreichern. Die Hände eventuell mit Mehl bestäuben, das erleichtert das Formen der Pattys.

1 EL Olivenöl bei mittlerer Hitze in einer Pfanne erhitzen. Dann vorsichtig ein Burger-Patty hinzugeben und mit dem Pfannenwender andrücken. Von beiden Seiten für einige Minuten anbraten, bis das Patty leicht gebräunt ist. Vorsichtig und nur einmal wenden, damit es seine Form behält. Für jedes Patty ein wenig frisches Öl in die Pfanne geben. Ich empfehle, nur eins auf einmal zu braten, da die Pattys schneller zerfallen als ihre fleischigen Kollegen.

Im Brötchen mit Salat, Tomate, Avocado und/oder Hummus servieren.

REGENBOGENSPIESSE
MIT GEMÜSE UND HALLOUMI

ERGIBT 12 STÜCK

- 1 Zucchini (circa 200 g)
- 1 rote Paprika
- 1 gelbe Paprika
- 1 große rote Zwiebel (circa 150 g)
- Olivenöl
- Salz und Pfeffer
- 200 g Halloumi
- Frisches Basilikum, zum Anrichten

Dieser hübsche Regenbogenspieß wird den pH-Wert deines Körpers leider nicht verändern, obwohl reichlich »basisches« Gemüse dabei ist. Das muss jedoch nicht heißen, dass du ihn nicht trotzdem essen solltest – vor allem während eines sonnigen Barbecue.

Den Ofen auf 220 °C Ober-/Unterhitze (200 °C Umluft) vorheizen.

Die Zucchini, die beiden Paprika und die Zwiebel in grobe Würfel schneiden und auf einem Backblech verteilen. Mit Olivenöl beträufeln und mit Salz und Pfeffer würzen. Dann 15 Minuten im Ofen backen.

Das Gemüse abkühlen lassen. In der Zwischenzeit den Halloumi würfeln.

Die Spieße zusammenstecken: ein Würfel rote Paprika, Halloumi, gelbe Paprika, Zucchini, Zwiebel und noch einmal von vorn. Prozedur für jeden weiteren Spieß wiederholen.

Den Backofengrill oder eine Grillpfanne richtig anheizen, dann die Spieße von beiden Seiten für ein paar Minuten garen.

Sofort mit frischen Basilikumblättern servieren.

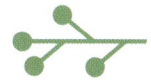

TIPP Halloumi schmeckt nach dem Aufwärmen schnell gummiartig und sollte daher erst kurz vor dem Servieren zubereitet werden.

RATATOUILLE-QUICHE

6 – 8 PERSONEN

- 1 Packung fertiger Mürbeteig
  (circa 320 g)
- 1 Aubergine (circa 200 g),
  in 5 mm breite Scheiben
  geschnitten
- 1 grüne Zucchini (circa 200 g),
  in 5 mm breite Scheiben
  geschnitten
- 1 gelbe Zucchini (circa 200 g),
  in 5 mm breite Scheiben
  geschnitten
- 100 ml Kochsahne
- 2 Eier, verquirlt
- 100 g Cheddarkäse, gerieben
- Eine Handvoll frisches
  Basilikum, grob gehackt
- Salz und Pfeffer
- 250 g Tomaten
- Olivenöl

Du brauchst außerdem
- Eine Tarteform mit Hebeboden
  (Ø 25 cm), mit Olivenöl ein-
  gefettet

Das ist genau das richtige Rezept, wenn du Eindruck schinden möchtest. Das Geheimnis ist, ähnlich proportioniertes Gemüse zu nehmen, also lange, schmale Auberginen und breite Zucchini. Dieses Gericht ist ein perfekter Mix aus Kohlenhydraten, Fetten und Proteinen und beinhaltet außerdem viel Gemüse. Der Käse wird als »säurehaltig« betrachtet. Zum Glück schert das niemanden!

Den Ofen auf 170 °C Ober-/Unterhitze (150 °C Umluft) vorheizen.

Die Tarteform mit Mürbeteig auskleiden und 15 Minuten blindbacken. In der Zwischenzeit Aubergine und Zucchini für 3 Minuten in der Mikrowelle garen.

Für die Füllung Sahne, Ei, Käse und Basilikum gründlich miteinander vermischen. Würzen und in den vorgebackenen Teig gießen.

Kleine Gemüsestapel bauen: Aubergine, Tomate, gelbe Zucchini, grüne Zucchini. Stapel nach und nach in die Tarteform legen, dabei einen äußeren und einen inneren Kreis bilden und die Gemüsestapel leicht geneigt in der Form platzieren. Es sollte genau für die Form ausreichen. Großzügig mit Salz, Pfeffer und Olivenöl würzen.

Die Ofentemperatur auf 190 °C Ober-/Unterhitze (170 °C Umluft) erhöhen.

Die Tarteform mit einem Stück Backpapier abdecken und für 30 Minuten backen. Dann das Papier entfernen und weitere 20 Minuten backen. 5 Minuten abkühlen lassen, dann die äußere Form entfernen und servieren.

SCHAKSCHUKA

- Olivenöl
- 1 Knoblauchzehe
- 1 rote Paprika,
  in Streifen geschnitten
- 400 g stückige Tomaten
  aus der Dose
- 1 TL Paprikapulver
- ¼ – ½ TL Chiliflocken
- Salz und Pfeffer
- 4 mittelgroße Eier
- Frischer Koriander,
  zum Anrichten

Im klassischen Basen-Diät-Bullshit-Modus stehen Eier — eine 1-a-Nährstoffquelle — auf der Schwarzen Liste. Hör bloß nicht darauf. Eier sind köstlich und wunderbar und der klare Star in diesem beliebten Brunch-Gericht.

Ein bisschen Olivenöl in einer großen Pfanne bei mittlerer Temperatur erhitzen.

Den Knoblauch schälen und pressen, dann in die Pfanne geben. 2 Minuten lang anbraten.

Die Paprikastreifen zufügen und ein paar Minuten braten. Nicht zu viel umrühren. Dann die stückigen Tomaten und einen Schuss Wasser zugeben.

Für 5–10 Minuten einkochen lassen. Dann mit Paprikapulver, Chiliflocken, Salz und Pfeffer würzen. Abschmecken und gegebenenfalls nachwürzen.

Vier kleine Mulden in die Tomatensoße machen und je ein Ei hineinschlagen. Die Hitze reduzieren und einen Deckel auf die Pfanne setzen (falls vorhanden). Hitze reduzieren, sobald das Eiweiß stockt, das Eigelb sollte noch flüssig sein.

Mit frischem Koriander (es sei denn, du hasst Koriander, dann lass ihn weg) und krossem Brot servieren.

Rohkost

DER ROHKOST-MYTHOS

All die verschiedenen Diäten und Ernährungsphilosophien verfügen über
unterschiedlich viele wissenschaftliche Erkenntnisse, die sie stützen.
Rohkost-Veganismus, der Kochen als »Töten« von Lebensmitteln versteht,
ist wohl die restriktivste Ernährungsform überhaupt. Nur Obst, Gemüse,
Blattgemüse, Nüsse und Samen sind erlaubt. Und nur roh, versteht sich.

Gibt es also wissenschaftliche Studien,
die Rohkost-Veganismus unterstützen? Nein!

Rohkosternährung basiert auf der Fehlannahme, ungekochte Lebensmittel seien automatisch gesünder als gekochte. Aber unter den Vertretern herrscht gar keine Einigkeit darüber, was eine Rohkosternährung ausmacht. Wie hoch muss der Prozentsatz an rohem Essen sein? Ab welcher Temperatur gilt ein Lebensmittel nicht länger als »roh«? [1] Es gibt jedoch einige Dinge, bezüglich derer sich alle Anhänger dieser Diät einig sind:

1. Menschen haben Rohkost gegessen, und es ging ihnen gut. Dann begannen sie zu kochen, und alles hat sich zum Schlechten gewandt.
2. Alle anderen Lebewesen ernähren sich ausschließlich von Rohkost, sind gesünder als der Mensch und haben eine vergleichsweise höhere Lebenserwartung.
3. Rohkost beinhaltet »lebende« Enzyme, die gut für uns sind.
4. Essen zu kochen tötet es und produziert Giftstoffe. Außerdem werden den Lebensmitteln beim Kochen Vitamine und sekundäre Pflanzenstoffe entzogen.

 ROHES VS. GEGARTES ESSEN

Erstens gibt es keine Beweise dafür, dass die Menschen gesünder waren, als sie sich ausschließlich von Rohkost ernährten. Experten vermuten, dass das Kochen von Essen der Entwicklung des menschlichen Gehirns zuträglich war, da dadurch weniger lange Zähne und weniger ausgeprägte Kiefermuskeln notwendig waren. So konnte das Gehirn wachsen.

Zweitens gibt es keine Beweise dafür, dass Tiere gesünder oder vergleichsweise länger leben als Menschen. Die menschliche Lebenserwartung ist in den letzten Jahrhunderten dank der Wissenschaft beträchtlich gestiegen.

Drittens enthält Rohkost tatsächlich »lebende« Enzyme, ja. Und Kochen denaturiert sie, wodurch sie unbrauchbar werden, sobald sie auf über 40 °C erhitzt werden. Weißt du, was die Enzyme auch denaturiert? Dein Verdauungsapparat! Dank der Magensäure hat dein Magen einen pH-Wert von 2–3. Das ist ausgesprochen sauer, denn z. B. Peptidasen, die für die Spaltung von Proteinen verantwortlich sind, funktionieren in solch einer Umgebung am besten.

Dein Körper kann mit pflanzlichen Enzymen nichts anfangen. Sie werden genau wie jedes andere Protein in deinem Magen gespalten, und dein Körper nutzt anschließend die so gewonnenen Aminosäuren, um daraus andere Proteine zu bauen. Dein Körper »rekrutiert« keine pflanzlichen Enzyme für den Eigengebrauch. Kurz gesagt: pflanzliche Enzyme unterstützen deine Verdauung nicht. Enzyme aus fermentierten Speisen wie Sauerkraut kommen zwar unbeschadet aus dem Magen, tragen aber trotzdem kaum zur Verdauung bei. Pflanzen nutzen pflanzliche Enzyme und Menschen nutzen menschliche Enzyme. Das ist ein unumstößlicher Fakt.

Und zu guter Letzt: Kochen kann Enzyme in deinem Essen »töten« (wenn man es unbedingt so dramatisch ausdrücken möchte), aber das macht die Nahrungsmittel nicht »giftig« oder nährstoffarm. Tatsächlich kann Kochen sogar Giftstoffe wie zyanogene Glykoside oder Glykoproteine beseitigen (davon hast du vielleicht sogar schon gelesen) und potenziell schädliche Bakterien und Parasiten abtöten. Erhitzen vermeidet Lebensmittelvergiftungen. Es stimmt, dass beim Kochen Vitamine verloren gehen können, das lässt sich nicht leugnen. Aber in einigen Fällen werden sie so umso besser bioverfügbar (sodass dein Körper sie zum Beispiel schneller nutzen kann). In vielen Fällen werden durch das Erhitzen unverdauliche Pflanzenbestandteile gespalten, wie Fasern und Zellwände, sodass einfacher auf die innen liegenden Nährstoffe zugegriffen werden kann. Es ist also alles nicht so eindeutig und hängt stark vom jeweiligen Lebensmittel ab.

Einige wasserlösliche Vitamine, wie zum Beispiel die B-Vitamine oder Vitamin C, treten beim Kochen aus dem Gemüse aus. Je nach Garmethode beträgt der Vitamin-C-Verlust 15–55 % [2]. Dünsten oder kochen führt zu einem größeren Verlust an Vitamin C als die Zubereitung in der Mikrowelle. Der Anteil sekundärer Pflanzenstoffe verringert sich ebenfalls durch Hitzeeinwirkung. Möhren verlieren beispielsweise sekundäre Pflanzenstoffe beim Kochen, bieten jedoch mehr Carotinoide (wie Beta-Carotin) [3].

Oxalat findet sich in vielen pflanzlichen Lebensmitteln. Es hemmt die Kalzium- und Eisenaufnahme, und obwohl zum Beispiel Spinat eine Quelle für beides sein könnte, verringert das Vorhandensein seines Oxalatanteils die Bioverfügbarkeit dieser Nährstoffe, und der Körper kann nicht darauf zugreifen. Wobei das primär für rohen Spinat gilt, da beim Kochen der Bestandteil des Oxalats abnimmt und so mehr Eisen und Kalzium aufgenommen werden kann [4].

Ähnlich sieht es bei Hülsenfrüchten, Getreiden, Nüssen und Samen aus, in denen sich Phytinsäure befindet. Phytinsäure ist eine Energiequelle für das Samenwachstum und wird von speziellen Enzymen, Phytasen genannt, zur Energiegewinnung gespalten. Sie ist also wichtig für Pflanzen. Ein Großteil der Phytinsäure wird im Magen und im Dünndarm gespalten, sie kann jedoch schon Mineralien wie Eisen oder Zink binden, bevor sie vom Körper absorbiert wird. Zum Glück verringern Erhitzen, Keimen und Fermentieren den Anteil von Phytinsäure in den genannten Nahrungsmitteln [5]. Auch wenn Phytinsäure oft als »Anti-Nährstoff« dargestellt wird, hat sie auch einen positiven Nutzen: Lebensmittel, die einen hohen Phytinsäureanteil aufweisen, verringern das Risiko, an bestimmten Krebsarten und Herz-Kreislauf-Erkrankungen zu erkranken [6].

Ich sollte vielleicht noch darauf hinweisen, dass man Lebensmittel nicht verkochen oder verkohlen lassen sollte. Aber kurzes Erhitzen hat bei vielen Dingen einen klaren Nutzen.

 WELCHE GARMETHODE IST DIE BESTE?

Gibt es die einzig wahre Garmethode: Kochen, Dünsten, Braten, Grillen, Backen oder in der Mikrowelle Garen? Ach … Mikrowellen. Angstmacher warnen im Internet davor, dass Mikrowellen jegliche Nährstoffe im Essen »zerstören« und »radikal vernichten« würden. Stimmt nicht. Mikrowellen arbeiten mit Wellen, die dem elektromagnetischen Spektrum angehören, genau wie UV, Infrarot, Röntgenstrahlen, Funkwellen und sichtbares Licht. Mikrowellen haben eine größere Wellenlänge als Funkwellen, aber eine kürzere als Röntgenstrahlen oder selbst sichtbares Licht. Sie lassen Hitze entstehen, indem sie die Bindungen zwischen Wassermolekülen zum Vibrieren bringen, wodurch diese sich erwärmen. Ich habe schon öfter gehört, dass das bedeuten soll, Mikrowellen würden auch unsere Zellwände angreifen. Das ist in dreierlei Hinsicht Unsinn: Erstens haben Mikrowellen eine Schutzverkleidung, die keine Wellen nach außen dringen lässt. Zweitens sind Mikrowellen nicht stark genug, um Bindungen zu zerstören, sie können sie nur zum Vibrieren bringen. Drittens sind wir ohnehin permanent von Mikrowellen umgeben, und zwar in Form von kosmischer Mikrowellenstrahlung, einem energetischen Überbleibsel des Urknalls. Im Mikrowellenofen sind diese Strahlen stärker konzentriert, weswegen sie Essen aufwärmen können. Aber sie sind auf das Innere des Ofens begrenzt und können nicht an dich heran – es sei denn, du setzt dich in die Mikrowelle, während sie in Betrieb ist.

Eine Analyse der Antioxidantien in erhitzten Lebensmitteln hat gezeigt, dass das Garen in der Mikrowelle, Backen sowie Grillen die geringsten Nährstoffverluste verursachen, beim Kochen sind sie am größten [7]. Das lässt vermuten, dass das Garen mit Wasser nicht ideal ist. Davon ausgehend kann man annehmen, die beste Garmethode sei eine schnelle und flüssigkeitsarme Erhitzung der Lebensmittel. Diese Kriterien treffen beide auf die Mikrowelle zu. Aber die allerbeste Garmethode und die beste Art, Gemüse zu kochen und zu verzehren, ist, sie tatsächlich zu essen! Wenn du keine Zeit hast, eine Kartoffel eine Stunde lang im Ofen zu backen, du sie aber für 10 Minuten in der Mikrowelle garen kannst, dann ist das die beste Methode. Wenn du gekochte Möhren blöd findest, aber gegrillte Karotten liebst, dann grill sie! Und wenn du dein Gemüse schonend garen möchtest, aber keinen Dampfgarer zu Hause hast, kannst du es auch einfach kochen. Letzten Endes zählt, dass du Gemüse isst. Wenn du darauf verzichtest, ist sein Nährstoffgehalt auch egal.

Lebensmittel in der Mikrowelle zu garen, sie zu backen oder zu grillen führt zum geringsten Nährstoffverlust.

DER MYTHOS DER VEGANEN ROHKOSTERNÄHRUNG

Es wirkt fast ironisch, dass die Beweggründe für eine vegane Rohkosternährung meistens gesundheitlicher Natur sind, während die meisten sich aus ethischen Gründen für den Veganismus entscheiden. Viele Anhänger der veganen Rohkosternährung behaupten, dass Leiden kuriert worden seien und dass sie dank einer kompletten oder überwiegenden Rohkosternährung massiv abgenommen hätten. Es gibt kaum wissenschaftliche Studien dazu, also überwiegen anekdotische Berichte.

Vegane Rohkosternährung wird mit niedrigen LDL- und Triglycerid-Werten in Verbindung gebracht (gut), aber auch mit verringerten HDL- und hohen Homocystein-Werten (schlecht) [8]. So, mehr konnte ich nicht finden, um auch der »positiven« Seite gerecht zu werden. Lass uns nun zu den negativen Auswirkungen kommen.

Veganer, ob sie sich nun ausschließlich von Rohkost ernähren oder nicht, sind einem höheren Risiko ausgesetzt, an einem B-12-Mangel zu erkranken, daher wird dringend zu der Einnahme entsprechender Nahrungsergänzungsmittel geraten [9]. Aber Tabletten werden nicht als »natürlich« und »roh« betrachtet, weswegen vegane Rohköstler nicht gerade Werbung dafür machen. »Gurus« (pfui) teilen stolz ihr Blutbild auf YouTube, um zu beweisen, dass sie an keinem Vitaminmangel leiden. Schön für sie. Nur leider lassen sich derlei Blutbilder leicht manipulieren, indem man einen Tag vor der Messung Nahrungsergänzungsmittel einnimmt. Abgesehen von Vitamin B_{12} kann die vegane Rohkosternährung auch zu einem Mangel an Vitamin D, Selen, Eisen, Omega-3-Fettsäuren und Zink rühren.

Vegane Rohköstler gehen auch das Risiko einer verringerten Knochendichte ein [10], vermutlich wegen ihres unterdurchschnittlichen Konsums von Kalzium und Vitamin D, und leiden öfter an Untergewicht und Amenorrhö (Ausbleiben der Monatsblutung) [11]. Aber die Ursache wird, wenig überraschend, nicht in der extremen Ernährung gesucht. Stattdessen wird lieber behauptet, die Periode setze sich aus »Giftstoffen« zusammen, die den Körper verlassen. Vegane Rohköstler hätten folglich keine Periode, da sie »rein« seien und anscheinend auch besser als alle anderen. Das ist übel. Richtig, richtig übel. Und in

Es ist nicht nachgewiesen, dass eine vegane Rohkosternährung einen stärkeren gesundheitlichen Nutzen mit sich bringt als eine vegane oder vegetarische Ernährung.

vielerlei Hinsicht verkehrt. Meiner Ansicht nach handelt es sich um erstklassigen Diät-Bullshit, die Art von Scheiße, die deine Gehirnzellen zersetzt. Das Ausbleiben der Monatsblutung ist ein Warnsignal und nicht etwa ein Anzeichen dafür, dass man einen besonderen Zustand der »Reinheit« erreicht hat.

Vegane Rohkosternährung reduziert die Anzahl »erlaubter« Lebensmittel drastisch, doch Vielfalt ist der Schlüssel zu all den Nährstoffen, die wir brauchen, und dem Schaffen eines vielfältigen Mikrobioms. Diese Form der Ernährung hat keinen nachweislichen gesundheitlichen Nutzen gegenüber einer veganen oder vegetarischen Ernährung, ist aber so restriktiv, dass das soziale Miteinander gestört werden kann und Mangelerscheinungen auftreten können.

Oh, und hatte ich bereits erwähnt, dass schon Menschen unter Aufsicht von Rohkost-Gurus gestorben sind? Sowohl bei Kuraufenthalten als auch in Folge der Behauptung, die klassische Schulmedizin sei durch Fasten, Monomahlzeiten oder Rohkost zu ersetzen. Genau deshalb machen diese strengen Diäten mich wütend. Es geht mich nichts an, was du isst (es sei denn, du bezahlst mich dafür, dass ich deine Ernährung analysiere, aber selbst dann mache ich nur Vorschläge und biete Rat und schreibe nichts vor), aber ich habe ein großes Problem damit, wenn Leute lächerliche Heilsversprechen in die Welt hinausposaunen, die über »dieses und jenes Lebensmittel ist schlecht für dich« hinausgehen. Rohkosternährung ist oft nur der erste Schritt in Richtung dubioser Scharlatanerie und alternativer Behandlungsmethoden, die in keiner Weise wissenschaftlich abgesichert sind und sogar tödlich enden können[12].

Gut, nachdem ich mir das von der Seele geredet habe, würde ich gerne auf das Essen an sich zurückkommen. Die folgenden Rezepte beinhalten Zutaten, die stark in ihrer Bioverfügbarkeit schwanken. Manche Komponenten sind durchaus »gesünder«, nachdem sie erwärmt wurden, andere, wenn sie noch roh sind. Das heißt jedoch nicht, dass du sie nur auf diese Art essen darfst. Das Allerwichtigste ist, dass du dein Obst und Gemüse so zubereitest, dass es dir schmeckt und du es gerne regelmäßig isst statt nur pflichtbewusst hin und wieder. Es folgen also Empfehlungen, keine Regeln.

 EINIGE BEISPIELE

- Tomaten: enthalten Lycopin, dessen Bioverfügbarkeit sich durch Erhitzen erhöht.
- Butternusskürbis: enthält umso mehr Beta-Carotin, Lycopin und Vitamin C nach dem Kochen.
- Rote Bete: verliert durch Erhitzen nicht ihre antioxidative Wirkung.
- Spinat: enthält Kalzium und Eisen, deren Bioverfügbarkeit sich durch Erhitzen erhöht.
- Zitrusfrüchte: verlieren viel Vitamin C beim Erhitzen; am besten roh genießen.
- Bohnen: enthalten Phytinsäure und Lektine, die beim Erhitzen reduziert werden; werden dadurch nahrhafter.
- Kartoffeln: schmecken roh wie der letzte Dreck, sind gekocht aber der Hammer.

PIXIE-TIPP
Die beste Art, Gemüse zu essen, ist immer die, die dir auch schmeckt. Du hast nichts davon, wenn du darauf verzichtest!

Manche Lebensmittel bieten nach dem Kochen mehr Nährstoffe, andere wiederum laufen roh zur Bestform auf. Aber daraus muss man keine Regeln ableiten, sondern vielleicht eher freundliche Empfehlungen.

ASIATISCHES WOKGEMÜSE MIT TOFU

2 HAUPTMAHLZEITEN ODER 4 BEILAGEN

- 200 g Broccolini
  (oder normaler Brokkoli,
  wenn du den lieber magst)
- 1 Pak Choi (circa 100 g)
- 1 TL Sesam
- Sesamöl
- 2 Knoblauchzehen, geschält und
  in feine Scheiben geschnitten
- 200 g geräucherter Tofu,
  in Scheiben geschnitten
- 2 Frühlingszwiebeln,
  in Scheiben geschnitten
- ½ frische Chili und ein paar
  Blätter Thai-Basilikum
  (optional)

Für das Dressing
- 2 EL helle Sojasoße
- 1 EL Sesamöl (oder Woköl)
- 1 EL geriebener Ingwer
- 1 EL Limettensaft
- 1 EL Ahornsirup, Honig
  oder Reissirup

Wenn man Grüngemüse wie Brokkoli langsam im Wasser gart, geht Vitamin C verloren. Wenn man sie allerdings nur für kurze Zeit bei hoher Temperatur kocht, behalten sie die meisten Nährstoffe.

Broccolini dritteln (oder normalen Brokkoli in mundgerechte Röschen zerteilen). Pak-Choi-Blätter abzupfen. Besonders große zerkleinern.

Für das Dressing Sojasoße, Sesamöl, Ingwer, Limettensaft und Sirup mischen.

Wok bei mittlerer Temperatur erwärmen und den Sesam für circa 5 Minuten anrösten. Anschließend beiseitestellen.

Temperatur erhöhen und ein bisschen Öl in den Wok geben.

Knoblauch und Tofu zugeben und 5 Minuten braten.

Das restliche Gemüse und die Hälfte des Dressings zufügen. Weitere 5 Minuten braten.

Hitze reduzieren und das restliche Dressing zugeben. Mit geröstetem Sesam sowie Chili und Basilikum (optional) bestreuen.

ROTE-BETE-HUMMUS

6–8 PERSONEN

- 400 g Kichererbsen aus der Dose, abgegossen und gewaschen
- 250 g gekochte Rote Bete
- 1 Knoblauchzehe, geschält
- 2 EL Tahin
- ½ Zitrone, gepresst
- 100 ml Olivenöl
- 2 TL Kreuzkümmel
- 1 Prise Salz

Rote Bete verliert ihre antioxidative Wirkung auch nicht beim Kochen, was wunderbar ist, weil sie gegart viel besser schmeckt. Außerdem verpasst sie allem eine unfassbar großartige pinke Farbe.

Zutaten in der aufgeführten Reihenfolge in den Mixer geben.

Pürieren, bis eine glatte Masse entsteht.

Abschmecken und eventuell nachwürzen.

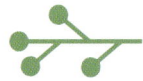 **TIPP** Schmeckt super mit meinem Burger aus schwarzen Bohnen von Seite 231.

BURGER AUS SCHWARZEN BOHNEN

ERGIBT 3–4 BURGER

- 400 g schwarze Bohnen aus der Dose, abgegossen und gewaschen
- 1 Knoblauchzehe
- 1 Zwiebel (circa 110 g), geschält und fein gewürfelt
- 1 TL Paprikapulver
- 1 TL Kreuzkümmel
- ¼ TL Chilipulver
- 20 g frische oder getrocknete Semmelbrösel
- Salz und Pfeffer
- Olivenöl
- 1 Avocado, mit der Gabel zerdrückt
- Burger-Brötchen, Rote-Bete-Hummus (Seite 228) und gemischte Salatblätter, zum Anrichten

Wenn Bohnen gekocht werden, verringert sich der Anteil der Phytinsäure und Lektine. Das bedeutet mehr Nährstoffe und keine Giftstoffe!

Bohnen trocken tupfen und in eine große Schüssel geben. Knoblauch schälen, pressen und gemeinsam mit den Zwiebelwürfeln zu den Bohnen geben. Gewürze und Semmelbrösel zugeben und mit Salz und Pfeffer würzen.

Den Schüsselinhalt kneten, bis eine feste Masse entsteht. Mindestens die Hälfte der Bohnen sollte dabei jedoch intakt bleiben.

Einen bisschen Olivenöl bei mittlerer Hitze in einer Pfanne erhitzen.

Ein Viertel bis ein Drittel der Bohnenmasse zu einer Kugel formen, dann vorsichtig flachdrücken. Idealerweise sollten die Burger-Pattys circa 2–3 cm dick sein. Bohnen-Burger zerfallen schneller als Fleisch-Burger, also solltest du das Bohnengemisch vorsichtig zusammenpressen und Risse kitten. Falls die Mixtur zu krümelig ist, ein Ei oder etwas Öl hinzugeben. Falls sie zu feucht ist, die Hände mit Mehl bestäuben und dann die Kugeln formen.

Burger-Patty von beiden Seiten bei niedriger Hitze anbraten. Vorsichtig und nur einmal wenden. Wiederholen, bis die Bohnenmasse aufgebraucht ist.

Den Bohnen-Burger mit Rote-Bete-Hummus, Avocado und Salatblättern servieren.

FRUCHTIGER RADIESCHEN-BRUNNENKRESSE-SALAT

1 HAUPTMAHLZEIT ODER 2 BEILAGEN

- 1 Orange (circa 160 g)
- 1 rote oder pinke Grapefruit
- 50 g Brunnenkresse
- 80 g Radieschen, in Scheiben geschnitten
- ½ in Scheiben geschnittene Avocado, 30 g zerbröselter Feta oder 30 g Boursin-Käse — oder eine Kombination daraus

Für das Dressing
- 1 TL körniger Senf
- 1 EL Olivenöl
- 1 Prise Zucker

Das Vitamin C der Zitrusfrüchte geht beim Kochen verloren, also essen wir die tatsächlich am besten roh! Käse oder Avocado bringen eine Cremigkeit mit, die die Säure der Zitrusfrüchte wunderbar komplementiert. Du kannst beides hinzugeben, wenn du magst, ich wollte nur sicher sein, dass auch eine vegane Alternative möglich ist.

Orange und Grapefruit zerteilen.

Die Brunnenkresse auf einem Teller anrichten und die Radieschen-Scheiben sowie die Orangen- und Grapefruit-Ecken darauf verteilen.

Avocado zugeben oder Käse darauf verstreuen.

Senf, Olivenöl und Zucker zu einem Dressing vermischen und kurz vor dem Servieren über den Salat geben.

HASSELBACK-KARTOFFELN MIT KNOBLAUCH UND ROSMARIN

6–8 BEILAGEN

- 1 kg Kartoffeln (ich empfehle die Sorte Charlotte, aber du kannst natürlich auch eine andere nehmen)
- Olivenöl
- 2 Knoblauchzehen
- Salz und Pfeffer
- 2 Zweige frischer Rosmarin, fein gehackt

Kartoffeln sind nicht zum Rohverzehr gedacht, so viel steht fest. Aber gekocht sind sie einfach köstlich! Ob mit Schale oder ohne entscheidest du.

Den Ofen auf 240 °C Ober-/Unterhitze (220 °C Umluft) vorheizen.

Kartoffeln auf einem Holzlöffel platzieren und in kleinen Abständen fast vollständig durchschneiden. Der Holzlöffel sollte dabei helfen, dass du sie nicht komplett zerteilst. Mit den restlichen Kartoffeln ebenso verfahren, bis alle fein eingeschnitten sind.

Jede Kartoffel kurz in Olivenöl tunken und dann auf einem Backblech platzieren.

Den Knoblauch schälen und pressen, dann über den Kartoffeln verteilen. Mit Salz, Pfeffer und Rosmarin würzen.

Im Ofen für 30–40 Minuten backen, je nach Größe der Kartoffeln, dann etwas mehr frischen Rosmarin zugeben und weitere 15 Minuten backen.

Statt Bratkartoffeln oder anstelle einer Beilage servieren. Schmeckt auch toll mit Salaten – oder wie auch immer du es am liebsten hast.

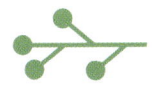

TIPP Serviere diese Kartoffeln statt der üblichen Salz- oder Bratkartoffeln zum Sonntagsbraten.

PATATAS BRAVAS MIT AIOLI

4 – 6 BEILAGEN

- 600 g festkochende Kartoffeln, geschält und in 2–3 cm große Stücke geschnitten
- Olivenöl
- Salz und Pfeffer
- 1 kleine Zwiebel (circa 80 g), geschält und fein gewürfelt
- 400 g stückige Tomaten aus der Dose
- ½ TL Zucker
- ½ TL Salz
- 1 TL Paprikapulver
- Chilipulver, nach Belieben
- 1 EL Sherry- oder Weinessig (alternativ Zitronensaft)

Für die Aioli
- 1 Eigelb
- 4 Knoblauchzehen
- 1 EL Zitronensaft
- 8 EL Olivenöl
- Salz

Die armen Kartoffeln wurden von der Gesundheitsindustrie als »nährstoffarme Kalorienbomben« verteufelt, was absoluter Unsinn ist. Kartoffeln enthalten Nährstoffe wie Vitamin B_6, Kalium, Kupfer, Vitamin C, Mangan, Phosphor, Niacin und Ballaststoffe. Aber du hast nicht viel davon, wenn sie nicht gekocht sind!

Den Ofen auf 220 °C Ober-/Unterhitze (200 °C Umluft) vorheizen.

Die Kartoffelstücke auf einem Backblech verteilen und mit Olivenöl beträufeln. Umrühren, damit das Öl gleichmäßig verteilt wird.
Für 45 Minuten backen, bis die Kartoffeln kross und goldbraun sind.

Für die Tomatensoße ein bisschen Olivenöl bei mittlerer Hitze in einem Topf erwärmen. Zwiebel zugeben und 5–8 Minuten anbraten.

Tomatenstücke, 200 ml Wasser, Zucker, Salz, Paprikapulver und Chilipulver zufügen. Gründlich umrühren und 20 Minuten bei niedriger Hitze köcheln lassen. Anschließend vom Herd nehmen und den Essig zugeben.

Für die Aioli Eigelb, Knoblauch und Zitronensaft in einen Mixer geben. Bei höchster Stufe zu einer glatten Paste aufschlagen. Dann über mehrere Minuten langsam das Olivenöl zugeben, bis eine dickflüssige, cremige Masse entsteht. Mit Salz abschmecken.

Ich serviere Kartoffeln und Soßen am liebsten in getrennten Schalen, aber du kannst die Tomatensoße auch auf die Kartoffeln geben und den Aioli-Dip separat servieren für die, denen er zu krass ist (mir zum Beispiel!).

GEGRILLTE AUBERGINE MIT JOGHURT UND GRANATAPFELKERNEN

4 PERSONEN

- 2 große Auberginen (circa 600 g)
- Olivenöl
- Salz und Pfeffer
- 200 g Griechischer Joghurt
- ½ Zitrone, gepresst
- 2 EL fein geschnittener Schnittlauch
- 50 g Granatapfelkerne
- Frische Korianderblätter, zum Anrichten

Rohe Aubergine enthält Solanin, ein Giftstoff, der Verdauungsprobleme verursachen kann. Aber keine Sorge: Man müsste mehr als dreißig Auberginen essen, bevor es richtig übel wird. Trotzdem sollte man sie am besten gekocht zu sich nehmen — praktischerweise schmecken sie so auch am besten.

Den Ofen auf 220 °C Ober-/Unterhitze (200 °C Umluft) vorheizen.

Die Aubergine der Länge nach aufschneiden und die Innenseiten im Zickzackmuster einritzen. Auf ein Ofenblech legen, mit Olivenöl einstreichen und mit Salz und Pfeffer würzen.

Im Ofen für 15–20 Minuten backen, bis die Aubergine schön weich ist.

In der Zwischenzeit Joghurt, Zitronensaft, Schnittlauchröllchen und ein wenig Salz und Pfeffer miteinander vermischen.

Wenn die Aubergine gar ist, die Joghurtmischung daraufstreichen und mit Granatapfelkernen und frischem Koriander bestreuen.

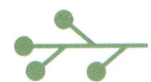

TIPP Kann man gut mit dem Grünen Salat mit Bohnen von Seite 174 oder dem Grilltomaten-Salat von Seite 240 kombinieren.

GRILLTOMATEN-SALAT

4 BEILAGEN

- Olivenöl
- 400 g kleine Tomaten (idealerweise unterschiedliche Farben und Größen)
- 40 g Rucola
- 10 g Pinienkerne
- Balsamicoessig
- Salz und Pfeffer

Tomaten werden meistens roh gegessen, aber wenn man sie erhitzt, erhöht sich die Bioverfügbarkeit des enthaltenen Lycopin, und du ziehst mehr Nährstoffe daraus!

Ein bisschen Olivenöl bei mittlerer Hitze in einer Grillpfanne erwärmen.

Die Tomaten der Länge nach aufschneiden. Mit der Schnittseite nach unten in die Pfanne legen und braten, bis sie leicht zischen.

In der Zwischenzeit den Rucola waschen und auf einer Servierplatte anrichten. Die Tomaten mit der Bratseite nach oben darauflegen.

Mit Pinienkernen bestreuen.

Mit Balsamicoessig beträufeln und mit Salz und Pfeffer würzen.

PIXIES
FRÜHLINGS/SOMMERPLATTE

1 PERSON

- 80 g Möhren
- Olivenöl
- Salz und Pfeffer
- 80 g Spargel
- Eine Handvoll Salatblätter,
  z. B. Blattspinat oder Rucola
- 60 g rote Paprika,
  grob in Streifen geschnitten
- ½ Avocado, gewürfelt
- 80 g gegarte schwarze Bohnen
- Dressing deiner Wahl

Die Pixie-Platte ist zu meinem Markengericht bei Instagram geworden. Je nach Geschmack ist es ein bunter Mix aus rohem und gekochtem Gemüse. Eine tolle Art, sich einen köstlichen Regenbogen von buntem Gemüse einzuverleiben!

Den Ofen auf 220 °C Ober-/Unterhitze (200 °C Umluft) vorheizen.

Die Möhren je nach Größe halbieren oder vierteln. Auf ein Ofenblech legen, mit Olivenöl besprenkeln und mit Salz und Pfeffer würzen. Anschließend 20 Minuten lang backen.

Die holzigen Spargelenden entfernen, dann Spargel für 5 Minuten in gesalzenem Wasser kochen, für 5 Minuten dünsten oder 2 Minuten bei maximaler Leistung in der Mikrowelle garen.

Deine Platte anrichten: zuerst die Salatblätter, dann den Rest obenauf. Alles mit Salz und Pfeffer würzen und mit dem Dressing deiner Wahl verfeinern.

PIXIES
HERBST/WINTERPLATTE

1 PERSON

- 100 g Butternusskürbis, geschält und gewürfelt
- 80 g Aubergine, in Scheiben geschnitten
- Olivenöl
- Salz und Pfeffer
- 40 g Puy-Linsen (gekocht 80 g)
- 80 g Broccolini
- 100 g Tomaten
- Eine Handvoll Salatblätter, wie Blattspinat oder Rucola
- Dressing deiner Wahl

Auch diese Platte beweist, wie einfach man rohe und erhitzte Zutaten zu einer ausgewogenen Mahlzeit kombinieren kann! Allein der Butternusskürbis enthält Beta-Carotin, Lycopin und Vitamin C und umso mehr davon, wenn er gegrillt wird.

Den Ofen auf 220 °C Ober-/Unterhitze (200 °C Umluft) vorheizen.

Den Butternusskürbis und die Aubergine auf einem Backblech ausbreiten, mit Olivenöl besprenkeln und mit Salz und Pfeffer würzen. Für 20 Minuten backen, bis alles schön weich ist.

Rohe Linsen für 20 Minuten in kochendem Wasser garen (gesalzen oder mit ½ Gemüsebrühwürfel gewürzt).

Broccolini halbieren. 4 Minuten kochen, 5 Minuten dünsten oder 2–3 Minuten in der Mikrowelle garen.

Kirschtomaten halbieren bzw. größere Tomaten würfeln.

Deine Platte anrichten: zuerst die Salatblätter, dann den Rest obenauf.

Die Tomaten mit Salz und Pfeffer sowie dem Dressing deiner Wahl würzen.

Zucker

DER ZUCKER-MYTHOS

Bereit für ein bisschen Biochemie? Es wird auch nicht zu krass, versprochen. Aber um die Eigenheiten des Zuckers und die Gründe zu verstehen, warum ich nicht fassen kann, dass diverse Mythen immer noch im Umlauf sind, müssen wir uns mit seiner chemischen Struktur auseinandersetzen.

Die Fehlannahmen rund ums Thema »Zucker« haben nahezu epidemische Ausmaße angenommen, was vielleicht noch nicht so schlimm klingt. Ich denke, wir wissen alle, dass zu viel Zucker ungesund ist, und haben schon x-Mal gehört, dass Zucker in zahlreichen Lebensmitteln versteckt ist. Aber wenn man Behauptungen wie »Zucker ist Gift« oder »Zucker macht süchtig« sieht oder erlebt, dass Leute tatsächlich Angst haben, eine Banane zu essen oder ein Löffelchen Zucker in ihren Kaffee zu rühren, wird es problematisch.

Ich habe schon mehrfach gelesen, dass Blogger behaupten, Zucker aus natürlichem Ursprung (z. B. Kokosblütenzucker) sei dem klassischen Kristallzucker überlegen. Dabei wird lässig unter den Tisch fallen gelassen, dass auch der altbekannte Kristallzucker aus Zuckerrohr oder Rüben gewonnen wird. Das sind zweifelsohne ebenfalls Pflanzen. Natürliche Gewächse. »Oh, aber die werden so stark verarbeitet, dass man sie nicht mehr als natürlich bezeichnen kann.« Erstens ist das irrelevant, weil der Zucker trotzdem einen natürlichen Ursprung hat, und zweitens gilt das Gleiche auch für die »natürlichen Würzmittel«, die in vielen Gesundheitsprodukten stecken. Aber mit denen scheinen die Leute kein Problem zu haben.

DIE BIOCHEMIE DES ZUCKERS

Zucker besteht aus einfachen Kohlenhydraten (siehe *Das »Richtige« essen*); einfach, weil es sich um kleine Strukturen handelt, die einfacher und schneller resorbierbar sind als komplexe Kohlenhydrate. Besonders interessant sind für uns Monosaccharide und Disaccharide. Monosaccharide sind Einfachzucker (mono = eins), wie zum Beispiel Glukose oder Fruktose. Disaccharide sind zwei zusammenhängende Monosaccharide (di = zwei), wie zum Beispiel Saccharose.

Saccharose

Wenn du Saccharose zu dir nimmst, wird sie von deinen Enzymen in Glukose und Fruktose gespalten. Vielleicht erinnerst du dich noch, was in Kapitel 2 stand: Glukose und Fruktose werden aufgrund ihrer unterschiedlichen chemischen Struktur vom Körper unterschiedlich verwertet.

Glukose, Fruktose und Saccharose sind alle Zucker. Laktose zählt auch zu den Zuckersorten, aber das würde jetzt zu weit führen. Aus unbekannten Gründen haben Blogger beschlossen, Zucker anders zu klassifizieren, als die öffentlichen Richtlinien das tun. Statt ihn in intrinsisch und frei (d.h. hinzugefügt) zu unterteilen, kategorisieren Blogger den Zucker in raffiniert und nicht raffiniert. Wie du gleich sehen wirst, ergibt das wenig Sinn.

 KOMMT MIR WIE SACCHAROSE VOR …

Warum schon wieder eine Stunde Biochemie? Nun ja, Saccharose ist das, was den Kristallzucker süß macht. Tatsächlich bestehen Kristallzucker (weißer, brauner usw.) zu 100 %
aus Saccharose. Aber was ist das und wie unterscheidet er sich von nicht raffiniertem
Zucker wie Kokosblütenzucker oder Ahornsirup?

KRISTALLZUCKER	
Herstellung	Zuckerrohr oder Zuckerrüben. Der Herstel-lungsprozess beinhaltet die Extraktion mittels heißen Wassers, die Konzentration der Sirupflüssigkeit, die Kristallisation des festen Zuckers und seine Klärung.
Zusammensetzung	Saccharose (100 %)
Mikronährstoffe	Keine

KOKOSBLÜTENZUCKER	
Herstellung	Aus dem Pflanzensaft der Kokospalme. Der Herstellungsprozess beinhaltet das Einkochen zu Kokoszuckerblöcken, wodurch Wasser entzogen wird.
Zusammensetzung	Saccharose (circa 85 %), Glukose (3–5 %), Fruktose (3–5 %), Feuchtigkeit und Ballast-stoffe (3–4 %), Protein (1 %)
Mikronährstoffe	Kann Zink, Eisen, Kalzium und Kalium enthalten.

AHORNSIRUP	
Herstellung	Der Pflanzensaft des Ahornbaums wird aufgewärmt und zu Sirup konzentriert.
Zusammensetzung	Unterschiedlich. Kohlenhydrate (67 %, davon hauptsächlich Saccharose, etwas Fruktose und ein bisschen Glukose) und Wasser (32–33 %)
Mikronährstoffe	Ungefähr 1 %. Hauptsächlich Vitamin B_2 und Mangan sowie eine Vielzahl an Geschmacksaromen.

Die Unterschiede zwischen »raffiniertem« und »nicht raffiniertem« Zucker sind gering.

MAISSIRUP	
Herstellung	Wird aus Mais hergestellt und ist als Kristallzuckerersatz gedacht, der leichter zu transportieren und stabiler ist.
Zusammensetzung	Kohlenhydrate (76 %, davon 55 % Fruktose und 45 % Glukose) und Wasser (24 %)
Mikronährstoffe	Keine

AGAVENDICKSAFT	
Herstellung	Aus dem Saft der Agavenpflanze, der gefiltert, erwärmt und konzentriert wird.
Zusammensetzung	Unterschiedlich. Fruktose (circa 55–65 %), Glukose (12 %), Wasser (circa 23 %).
Mikronährstoffe	Unterschiedlich. Je dunkler die Farbe ist, desto mehr pflanzliche Mineralstoffe sind enthalten.

REISSIRUP	
Herstellung	Kultivierung von gekochtem Reis, um die Reisstärke in Zuckerstoffe zu spalten.
Zusammensetzung	Glukose und Glukoseverbindungen (circa 85 %) und Wasser (circa 15 %)
Mikronährstoffe	Ein paar, aber auch Arsen.

Die Unterschiede zwischen Kristallzucker, Kokosblütenzucker, Ahornsirup und Maissirup sind gering. Sie weisen ähnliche Glukose- und Fruktoseanteile auf (und Saccharose besteht, wie wir wissen, zu 50 % aus Glukose und zu 50 % aus Fruktose). Der Hauptunterschied ist der Anteil an Mikronährstoffen, und im Fall des Kokosblütenzuckers kommen noch ein paar Ballaststoffe hinzu. Die enthaltenen Mikronährstoffe entsprechen jedoch nur maximal 1 % der Masse, und man müsste aberwitzig große Mengen essen, um nennenswert davon profitieren zu können. Und selbst wenn man dieses Konsumniveau erreicht, hätte man so viel Zucker zu sich genommen, dass jedweder Nutzen davon zunichte gemacht würde. 100 g Ahornsirup beinhalten beispielsweise 10 g deines Tagesbedarfs an Kalzium. Aber du würdest darüber hinaus auch 20 Teelöffel Zucker zu dir nehmen (wenn man davon ausgeht, 1 TL = 5 g), was die empfohlene Tagesdosis fünffach überschreitet. Im Vergleich dazu decken 100 g Kuhmilch 18 % deines Kalziumbedarfs und beinhalten keine künstlich zugeführten Zucker. Oder 100 g Grünkohl decken 15 % deines Tagesbedarfs ab, und da steckt garantiert kein Extra-Zucker drin. Ich weiß, jetzt preise ich plötzlich Grünkohl an, wer hätte das je gedacht?! Unterm Strich sind die Unterschiede zwischen Kristallzucker und den Süßungsmitteln, die Blogger gerne empfehlen, so gering, dass ein Austausch im Rahmen einer ausgewogenen Ernährung keinerlei gesundheitlichen Nutzen hätte.

Agavendicksaft und Reissirup fallen etwas aus der Reihe, das sollte fairerweise noch erwähnt werden: Agavendicksaft hat einen hohen Fruktoseanteil und einen geringen Glukoseanteil, wohingegen Reissirup ausschließlich aus Glukose besteht. Das sollte jedoch nicht bedeuten, dass du die beiden meiden oder ausschließlich konsumieren solltest. Was ich eigentlich nur sagen möchte, ist, dass Gesundheits-Blogger behaupten, nicht raffinierte Zucker seien gesünder und nährstoffreicher. Das entspricht schlichtweg nicht der Wahrheit.

 KÜNSTLICHE SÜSSUNGSMITTEL

Künstliche Süßungsmittel, sogenannte »kalorienfreie« Süßstoffe, sind eine Sache für sich. Ihre chemische Struktur weicht komplett von dem Aufbau der Saccharose ab. Wir wollen uns auf die drei bekanntesten Süßstoffe in Großbritannien konzentrieren: Stevia, Sucralose und Aspartam.

Stevia wird aus den Blättern der Steviapflanze gewonnen und stark gereinigt. Die Süße stammt von Stevioglykosiden, die bis zu 150 Mal süßer als Saccharose sind und eine wesentlich komplexere chemische Struktur aufweisen.

Stevioglykoside

Sucralose wird aus Saccharose gewonnen und sieht ihr strukturell recht ähnlich. Der Stoff wird vom Körper weitestgehend nicht verdaut (gilt daher als »kalorienfrei«) und ist etwa 600 Mal süßer als Rohrzucker.

Sucralose

Aspartam setzt sich aus zwei Aminosäuren zusammen, die deinen Geschmacksknospen Süße vorgaukeln. Der Stoff sieht nicht im Geringsten aus wie Saccharose und ist etwa 200 Mal süßer.

Aspartam

 ## SINNLOSES SCHUBLADENDENKEN

Zucker in »raffiniert« und »nicht raffiniert« einzuteilen ist nicht nur wenig hilfreich, sondern auch irreführend und risikobehaftet. Es ergibt keinen Sinn, Kristallzucker zu verteufeln und Ahornsirup als »gesund« und »gut für dich« anzupreisen. Außerdem ist dir wahrscheinlich schon aufgefallen, dass sämtliche Süßungsmittel auf die eine oder andere Art verarbeitet wurden. Ahornsirup fließt auch nicht in der vertrauten Form aus dem Baum, sondern ist zunächst einmal ein Pflanzensaft, der gefiltert und konzentriert werden muss (wobei man diesen Saft inzwischen auch als »Ahornwasser« kaufen kann). Das gilt auch für Kokosblütenzucker, der ebenfalls nicht einfach so aus der Palme rieselt. So funktioniert das nicht. Jeder Zucker ist verarbeitet, zwar in unterschiedlichem Ausmaß, aber es ist trotzdem weit an der Realität vorbeigedacht, die unterschiedlichen Zuckersorten mit Etiketten wie »raffiniert« bzw. »nicht raffiniert« und »industriell verarbeitet« bzw. »nicht industriell verarbeitet« zu versehen.

Zucker als »verarbeitet« oder »natürlich« zu beschreiben ergibt auch keinen Sinn. Alle bisher genannten Zuckersorten fallen in beide Kategorien. Egal ob es sich dabei um Zuckerrohr, Mais, Kokospalmen, Ahornbäume, Reis oder Agavenpflanzen handelt, der Ursprung ist natürlich: Es handelt sich um Pflanzen. Dieses Schubladendenken ist lächerlich und unnötig. Es ist so bescheuert, dass es nicht einmal zwei klare Lager gibt. Alle genannten Zuckersorten sind industriell verarbeitet, alle genannten Zuckersorten sind natürlich.

Die staatlichen Richtlinien gemäß des SACN (*Scientific Advisory Committee on Nutrition*) halten in einem 2015 erschienenen Bericht über Kohlenhydrate fest, dass all diese Zuckersorten in eine Kategorie fallen: freie Zucker. Dort steht: »Freie Zucker sind solche, die Speisen hinzugefügt werden oder dort natürlich auftreten, wie beispielsweise in Honig, Sirup und ungesüßten Fruchtsäften. Laktose in Milch und Milchprodukten ist davon jedoch ausgeschlossen.« [1] Zucker in nicht verarbeiteten Früchten und im Gemüse wird ebenfalls nicht dazugezählt. Es wird empfohlen, dass der Konsum von freiem Zucker nicht mehr als 5 % der täglichen Kalorienzufuhr ausmacht, egal ob dieser Zucker aus Kristallzucker oder Ahornsirup stammt. Das entspricht etwa 5 Teelöffeln Kristallzucker, 5 Teelöffeln Ahornsirup oder 5 Teelöffeln Kokosblütenzucker. Immer das Gleiche, nur anders benannt.

 GLYKÄMISCHER ERNÄHRUNGS-BULLSHIT

Wenn Ahornsirup so viel gesünder ist, dürfte man ihn doch eigentlich nicht in die gleiche Kategorie stecken wie Kristallzucker, oder? Was ist denn mit dem glykämischen Index (GI)? Blogger behaupten gerne, Kokosblütenzucker habe einen niedrigeren GI-Wert als Kristallzucker und sei daher gesünder. Der glykämische Indexwert eines Lebensmittels zeigt auf, wie stark der Konsum dieses Lebensmittels sich auf den Blutzuckerspiegel auswirkt. Gemeinhin bedeutet mehr Glukose einen höheren GI-Wert und mehr Ballaststoffe einen niedrigeren GI-Wert, weil der Stoffwechsel dann langsamer ist. Kokosblütenzucker hat einen etwas höheren Ballaststoffanteil als Kristallzucker, weswegen der GI-Wert niedriger eingeschätzt wird.

Das ist jedoch nur ein Teilaspekt. Was wesentlich wichtiger als der glykämische Index ist, ist die glykämische Last (GL). Sie bezieht sich auf den Anteil an Kohlenhydraten im Essen und ist ein wesentlich besserer Richtfaktor hinsichtlich der Auswirkungen eines Lebensmittels auf den Blutzuckerwert. Ein gutes Beispiel ist die Wassermelone, die aufgrund ihres Fruchtzuckers einen hohen GI-Wert hat. Aber jede Portion Wassermelone besteht zu 92 % aus Wasser, weswegen man nur sehr wenig Kohlenhydrate zu sich nimmt, und entsprechend niedrig ist auch der GL-Wert. Das Gleiche gilt auch für Fruktose: Sie ist ein Kohlenhydrat mit einem niedrigen GI-Wert. Süßungsmittel wie Agavendicksaft haben einen sehr hohen Fruktoseanteil und einen niedrigen GI-Wert. Ihr GL-Wert ist jedoch recht hoch. Tatsächlich hat Kokosblütenzucker den gleichen GL-Wert wie weißer Kristallzucker.

Ein anderer Mythos besagt, dass Zuckerkonsum den Insulinwert in die Höhe schießen lässt, was den Körper zur Fetteinlagerung animiert. Der erste Teil stimmt wirklich: Bei Anstieg deines Blutzuckers wird Insulin ausgeschüttet. Hohe Insulinwerte im Blut signalisieren den Zellen, dass sie Glukose vom Blut ins Zellinnere aufnehmen sollen. Das ist nicht das Gleiche, wie »Fett einzulagern«, denn diese Glukose kann vielfältig eingesetzt werden, sei es für die Energieproduktion oder das Speichern von Glykogen – Glykogen, nicht Fett! Glukose ist die liebste Energiequelle des Körpers, und er legt erst Fettspeicher an, wenn zu viel davon umherschwirrt und du keinen Gebrauch dafür hast. Und auch dann geht es nicht um Kraftreserven für sportliche Belastungen, sondern um eine Energiequelle, die deine grundlegenden Biofunktionen unterstützt, welche dich am Leben erhalten. Jede einzelne deiner Bewegungen kostet Energie.

Die Forschungslage beweist, dass erhöhter Zuckerkonsum Schäden an den Zähnen verursacht und Typ-2-Diabetes auslösen kann. Aber ein bisschen Zucker bringt dich nicht um; ganz im Gegenteil – es würde dich wahrscheinlich unglücklich machen, ganz darauf zu verzichten. Süßes ist gut für die Laune und wird mit besonderen Anlässen in Verbindung gebracht.

In der Wellness-Industrie gilt weißer Zucker als »der Teufel«. Vor langer, langer Zeit wurde seine Reinheit glorifiziert, jetzt gilt sie als »klinisch sauber« und zu unnatürlich. Der Mythos des gebleichten Zuckers hält sich auch bis heute, und das, obwohl solch ein Prozedere zahlreichen Lebensmittelverordnungen zuwiderlaufen würde. Der handelsübliche weiße Zucker in Großbritannien wird meistens aus Zuckerrüben gewonnen und der braune Zucker aus Zuckerrohr. Brauner Zucker enthält einen Rest Melasse, was die dunklere Farbe bedingt. Weißer Zucker ist kein gebleichter brauner Zucker. So sieht er einfach aus, wenn er aus Zuckerrüben gewonnen und aufbereitet wird.

Eine Handvoll Leute profitiert vielleicht davon, anderen Angst vor Zucker einzujagen. Aber der potenzielle psychische Schaden, den sie damit anrichten können, ist nicht zu unterschätzen. Panikmache und das Anpreisen vermeintlich besserer Alternativen zählen nur zu den Maschen der Lebensmittelindustrie, ohne wirklichen Grund an dein Geld zu kommen. Ahornsirup, Agavendicksaft, Reissirup und Kokosblütenzucker sind wesentlich teurer als Kristallzucker, und das passt genau in das Schema der elitären und exklusiven Wellness-Branche.

PIXIE-TIPP
Statt dich zu sorgen, welcher Zucker »der gesündeste« ist, kannst du einfach überlegen, welcher dir am besten schmeckt und welchen du schon vorrätig hast.

KÜNSTLICHE SÜSSUNGSMITTEL

Künstliche Süßungsmittel haben oft keinen guten Ruf – allein weil sie künstlich sind. Die Leute denken, sie seien deswegen schlecht. Ich gehe jetzt mal davon aus, dass inzwischen angekommen ist, wie irrelevant diese Annahme ist, und setze den Fokus lieber auf die echten Gründe, die gegen und für künstliche Süßungsmittel sprechen.

Die folgenden künstlichen Süßungsmittel wurden für den Gebrauch in der EU freigegeben, was bedeutet, dass sie ausführlich von der *European Food Safety Authority* (EFSA) überprüft wurden. Stevia wurde 2012 für den europäischen Markt erlaubt, nachdem eine umfassende Studie es als sicher eingestuft hat [2]. Untersuchungen haben im Jahr 2000 ergeben, dass Sucralose unbedenklich für den menschlichen Verzehr ist, das Immunsystem nicht beeinträchtigt, keinen Krebs verursacht und den Blutzuckerwert nicht nennenswert beeinflusst [3]. Aspartam hat zunächst eine Kontroverse ausgelöst, aber nach diversen Studien wurde es 2013 ebenfalls als sicher eingestuft [4]. Weiterhin haben Untersuchungen an einer halben Million Menschen gezeigt, dass Aspartam das Risiko, an Leukämie, Lymphomen oder Gehirntumoren zu erkranken, nicht steigert [5]. Dem vertraue ich hundert Mal mehr als Studien an Ratten.

Gründe, die für den Konsum künstlicher Süßungsmittel sprechen:
- Als sicher für den menschlichen Konsum eingestuft
- Erhöhen nicht das Risiko von Zahnschäden
- Erhöhen vermutlich nicht das Risiko, an Typ-2-Diabetes zu erkranken (noch nicht abschließend sicher)

Gründe, die gegen den Konsum künstlicher Süßungsmittel sprechen:
- Haben ab und an einen bitteren Nachgeschmack
- Verändern das Körpergewicht nicht (falls das entscheidend für dich ist) [6]
- Könnten sich negativ auf das Mikrobiom des Darms auswirken (ist bis dato noch unklar, da Studien bisher nur an Mäusen durchgeführt wurden; hier muss noch mehr geforscht werden) [7]

Studien über die Verbindung von künstlichen Süßungsmitteln, erhöhtem Appetit und Gewichtszunahmen sind noch nicht eindeutig [8], hier muss auf jeden Fall noch weiter geforscht werden. Was jedoch nach aktuellem Wissensstand feststeht, ist, dass der Konsum unbedenklich ist. Ursprünglich hatte man angenommen, Zuckerkonsum, Kalorienzufuhr und somit auch das Körpergewicht könnten so reduziert werden. Das scheint jedoch nicht der Fall zu sein. Neue Studien deuten an, dass das Erzeugen eines süßen Geschmacks ohne die entsprechende Kalorienzufuhr, d. h. die dazugehörige Energiezufuhr, die Lust auf Süßes steigern könnte. Dafür spricht auch, dass sich das Energieniveau nach dem Konsum zuckerhaltiger und künstlich gesüßter Getränke kaum unterscheidet [9], wodurch das Risiko, an Typ-2-Diabetes zu erkranken, in etwa gleich hoch ist.

Zusammenfassend lässt sich sagen, dass man nicht einfach behaupten kann, künstliche Süßungsmittel seien »gesundheitsschädlich«. Das ist alles kontextabhängig und nicht in Schwarz und Weiß zu unterteilen. Wenn du deinen morgendlichen Kaffee gerne süß trinkst, dann ist es durchaus nicht verkehrt, Süßungsmittel statt Saccharose zu nehmen. Und wenn du deinen Kaffee am liebsten pur genießt, dann herzlichen Glückwunsch – du bist tougher als ich (ich mag ihn süß!). Beim Backen sieht es auch noch einmal anders aus, weil Textur und Konsistenz genauso wichtig sind wie der Geschmack und man die Traumkombination cremige Butter + Zucker schlichtweg nicht ersetzen kann. Außerdem reagieren einige Süßungsmittel unvorhersehbar auf heiße Temperaturen, und es könnte sein, dass sie anders mit den anderen Zutaten reagieren als gewünscht.

EIN GRÖSSERER SUCHTFAKTOR ALS KOKAIN?

Macht Zucker süchtig? Medizinisch gesehen wird eine Substanz als abhängig machend eingestuft, wenn sie (1) langfristig chemische Veränderungen im Gehirn auslöst, (2) einen extremen Zwang zum Konsum triggert, (3) ein Toleranzlevel entsteht und (4) eine Abhängigkeit zustande kommt, durch die Entzugssymptome auftreten können.

Zucker aktiviert das Belohnungszentrum und befeuert das Lustzentrum im Gehirn, und genau wie beim Drogenkonsum wird Dopamin ausgeschüttet. Das Belohnungszentrum wird jedoch auch stimuliert, wenn man Kätzchen und kleine Hunde streichelt, und da schreit niemand, dass das abhängig machen könnte. Aus evolutionswissenschaftlicher Perspektive ergibt es Sinn, dass wir ein inhärentes Bedürfnis nach Nahrung haben; wir brauchen sie zum Überleben. Gelüste sind außerdem etwas anderes als Sucht. Es kann uns nach Zucker gelüsten, weil er eine schnelle, bequeme Energiequelle ist und unser Gehirn nach Glukose verlangt. Das bedeutet jedoch nicht, dass wir abhängig davon sind.

Unterzuckerung und Heißhunger auf etwas Süßes sind jedenfalls nicht das Gleiche wie Entzugserscheinungen. Unterzuckerung ist ein Hinweis darauf, dass der Blutzucker absinkt, und kann »geheilt« werden, indem man irgendetwas isst. Dabei muss es sich nicht um Zucker handeln. Das ist ein großer Unterschied zu einer chemischen Abhängigkeit von Drogen: In diesem Fall wird der Drang nach einer bestimmten Droge laut, und Entzugserscheinungen können auch nur dadurch beseitigt werden. Man kann Heroin-Entzugserscheinungen nicht durch ein paar Ibuprofen-Tabletten in den Griff bekommen, bei Alkoholabhängigkeit helfen keine Softdrinks, aber der Blutzucker steigt auch nach dem Verzehr eines Steaks, obwohl das kein bisschen Zucker enthält.

Derzeit basieren alle Studien zum Thema Essen und Abhängigkeit auf Forschungen an Ratten, subjektiven Berichten und anekdotischen Beispielen. Viele Rattenexperimente laufen so ab, dass man den Tieren zwölf Stunden lang keine Nahrung gibt und sie dann mit größeren Mengen zuckriger Lösung füttert. Sie »stürzen« sich darauf, weil sie sich an die Hungerphasen gewöhnen [10]. Es gab auch eine Studie, die aufgezeigt hat, dass Ratten Zucker lieber mögen als Kokain [11]. Dadurch kam es zu panischen Schlagzeilen wie »Zucker macht abhängiger als Kokain!«. Gruselig. Aber das sind Ratten. Kann man solche Beobachtungen wirklich so einfach auf den Menschen übertragen?

Eine weitere Untersuchung an Menschen und Ratten konnte keine Beweise hinsichtlich einer menschlichen Zuckerabhängigkeit liefern. Und auch bei den Ratten wurden diese »suchttypischen« Verhaltensmuster eher auf den restriktiven, kurzzeitigen Zugang zu Zucker zurückgeführt – also das Antrainieren eines kontrollierten und zugleich exzessiven Verhaltens – statt mit einer chemischen Abhängigkeit in Verbindung gebracht [12]. Diese Studien fanden innerhalb künstlicher Rahmenbedingungen statt, die der menschlichen Lebensrealität nicht entsprechen. Im Normalfall sind wir permanent von Zucker und Essen umgeben, diese Versuche lassen sich also schlecht auf unseren Alltag übertragen. Dass Ratten Zucker Kokain vorziehen, könnte auch einfach zeigen, dass sie das kleinere Übel wählen: Vielleicht erleben Tiere ebenfalls schlimme Drogenabstürze nach dem Konsum von Kokain? Eigentlich wirkt es so, als seien sowohl Menschen als auch Ratten nicht von Zucker abhängig.

Führende Experten geben an, dass es nicht genug Beweise für eine »Zuckersucht« gibt. Und Hand aufs Herz: Wann hast du das letzte Mal jemanden gesehen, der sich puren

Zucker in den Mund geschaufelt hat? Wahrscheinlich nie! Was man eher miterlebt, sind Menschen, die zu viele Lebensmittel konsumieren, die einen hohen Zucker-, Fett- oder Stärkeanteil haben, so wie zum Beispiel Donuts oder Kuchen. Diese Speisen sprechen uns evolutionswissenschaftlich betrachtet in besonderem Maße an, weil sie gut schmecken und energiehaltig sind.

Einige Wissenschaftler kritisieren den Ausdruck »Esssucht«, und ich möchte dem zustimmen. Die Leute denken dann schnell, dass ihre Ernährung außer Kontrolle geraten sei. Außerdem ist das ein weiteres Stigma in einer Gesellschaft, die ohnehin krankhaft gewichtsfokussiert zu sein scheint, und kann zu ungesunden Ausweichtaktiken führen (»kalter Essensentzug«). Im Gegensatz zu Drogen oder Alkohol braucht unser Gehirn Kohlenhydrate wie Glukose; das ist nicht »optional«. Du brauchst Essen zum Leben, und 99,9 % der Zeit sind ein bisschen Glukose, ein bisschen Fruktose (durch Früchte) und auch ein bisschen Saccharose dabei. Man kann nicht von etwas abhängig sein, das lebenswichtig ist. Wenn du also das nächste Mal jemanden hörst, der Zuckersucht-Bullshit absondert, kannst du ihn mit deinen neuen wissenschaftlichen Kenntnissen umpusten.

DIE SÜSSE WAHRHEIT

Unterm Strich solltest du dir Folgendes merken: Wenn du deinen Kaffee lieber mit künstlichen Süßungsmitteln statt mit Zucker süßen willst, mach das. Und wenn nicht, ist das auch okay. Aber bitte behaupte nicht, es sei einfach besser, weil »Zucker so natürlich sei«. Vergiss nicht, dass einzelne Studien nur Teilaspekte beleuchten, es aber auf das Gesamtbild ankommt. Lass dir also von Ratten- und Mäuseversuchen keine Angst machen. Es sei denn, du bist eine Maus …

Wenn du mit Zucker backst, dann solltest du die Art des Zuckers nach Konsistenz und Geschmack aussuchen und nicht nach seinem Nährstoffgehalt. Alle zur Auswahl stehenden Sorten werden als »freie Zucker« eingeordnet, und die Unterschiede bezüglich des Nährstoffgehalts sind verschwindend gering. Genauso verfahre ich auch in den folgenden Rezepten. Du wirst dort Zuckersirup genauso wie Ahornsirup, Kristallzucker und sogar Stevia finden. Denn wenn es um Zucker geht, kommt es vor allem auf den Kontext an.

Zucker in »raffiniert« und »nicht raffiniert« zu unterteilen ist nicht nur wenig hilfreich, sondern auch irreführend und risikobehaftet. Alle Zuckersorten sind industriell verarbeitet und alle Zuckersorten sind natürlich.

MARMORIERTE MANDELMUS-BROWNIES

ERGIBT 25 KLEINE ODER 16 GROSSE BROWNIES

- 200 g ungesalzene Butter
- 200 g dunkle Schokolade
- 250 g feiner Zucker
- 3 mittelgroße Eier, verquirlt
- ½ TL Vanilleessenz
- 1 Prise Salz
- 100 g Weizenmehl
- 100 g gesalzenes Mandelmus (oder ungesalzenes, dem du ein wenig Salz hinzufügst)

Du brauchst außerdem:
- Eine Brownie-Form (20 x 20 cm)

Die besten Brownies werden nicht aus Süßkartoffeln, Blumenkohl, Auberginen oder anderen beliebigen Gemüsesorten gemacht. Wenn du Lust auf Brownies hast, ist so etwas nicht das Richtige. Halte dich lieber an dieses Rezept. Da stecken Schokolade, Zucker, Gluten und viele andere gute Sachen drin.

Den Ofen auf 180 °C Ober-/Unterhitze (160 °C Umluft) vorheizen.

Butter und Schokolade in der Mikrowelle oder einer hitzebeständigen Schale über einem Wasserbad schmelzen.

Zucker, Eier, Vanilleessenz und Salz zum Schokoladen-Butter-Gemisch geben. Mehl nach und nach hinzufügen.

Die Brownie-Form mit Backpapier auslegen und den Teig hineingeben.

Das Mandelmus auf den Teig geben und in kleinen Drehbewegungen vorsichtig miteinander mischen.

Für 35 Minuten backen, bis der Teig gerade so gar, aber noch schön klebrig ist.

15 Minuten abkühlen lassen, dann in Vierecke schneiden.

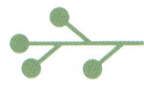

TIPP Du magst Mandelmus nicht? Dann kannst du es einfach durch ein anderes Nussmus ersetzen oder ganz weglassen. Du hast nur eine Kastenform? Halbiere den Teig und backe ihn in zwei Durchgängen.

BANANENBROT

8–12 PERSONEN

- 300 g Mehl
- 1 TL Backpulver
- 1 TL Natron
- 1 TL gemahlener Zimt
- 1 Prise Salz
- 2 Eier, verquirlt (oder als vegane Alternative 6 EL Aquafaba)
- 100 g Ahornsirup
- 6 EL Olivenöl
- 1 TL Vanilleextrakt
- 50 ml Milch (Hafermilch eignet sich prima)
- 3 große, sehr reife Bananen (circa 250–300 g)
- Optional: 150 g gefrorene Beeren oder 150 g Schoko-ladentropfen

Du brauchst außerdem
- Eine Kastenform mit 1,5 Liter Fassungsvermögen

Das Geheimnis eines saftigen Bananenbrots ist die Kombination aus flüssigen Süßmachern und überreifen Bananen. Ich empfehle Ahornsirup, weil er im Gegensatz zu anderen Sirupsorten einen tollen Eigengeschmack hat. Das ist in diesem Buch vermutlich das süßeste Rezept mit dem geringsten Zuckeranteil! Am liebsten mag ich das Bananenbrot mit gefrorenen Blaubeeren, aber du kannst auch andere Beeren oder Schokolade hinzugeben.

Den Ofen auf 200 °C Ober-/Unterhitze (180 °C Umluft) vorheizen.

Die trockenen Zutaten in einer Schüssel vermengen (Mehl, Backpulver, Natron, Zimt, Salz).

Die flüssigen Zutaten in einer anderen Schüssel vermengen (Eier, Ahornsirup, Olivenöl, Vanilleextrakt, Milch).

Die Bananen zerdrücken und zu den flüssigen Zutaten geben. Dann den flüssigen Mix zu dem trockenen geben.

Falls vorhanden, gefrorene Beeren oder Schokoladentropfen zugeben.

Masse in eine mit Backpapier ausgelegte oder eingefettete Kastenform füllen. Im Ofen für 45 Minuten backen, bis die Stäbchenprobe erfolgreich ist.

CHOCOLATE CHIP COOKIES

**10–12 GROSSE COOKIES
ODER 15 KLEINERE**

- 6 EL Olivenöl
- 150 g brauner Zucker
- 1 mittelgroßes Ei, verquirlt
  (oder als vegane Alternative
  4 EL Aquafaba)
- 1 TL Vanilleextrakt
- ½ TL Natron
- 1 Prise Salz
- 200 g Mehl
- 100 g dunkle Schokoladentropfen

Ich mag meine Cookies am liebsten außen knusprig und innen saftig. Deshalb kommt in diesem Rezept brauner Zucker vor: Er hilft dabei, eine schöne weiche Konsistenz zu erhalten.

Den Ofen auf 200 °C Ober-/Unterhitze (180 °C Umluft) vorheizen.

Öl, Zucker, Ei und Vanilleextrakt in einer Schüssel vermengen.

Natron und Salz zugeben.

Mehl nach und nach zufügen.

Chocolate Chips einrühren.

10–12 esslöffelgroße oder 15 kleinere Haufen auf einem mit Backpapier ausgelegten Ofenblech bilden.

Für 12–15 Minuten backen, bis die Cookies gerade gar, aber noch weich sind. Wenn du kleinere Cookies machst, sollten sie nicht länger als 12 Minuten backen. Größere Cookies kannst du nach 12 Minuten anstechen, doch auch sie sollten nicht länger als 15 Minuten backen.

Cookies für 15 Minuten abkühlen lassen, bevor du sie berührst oder bewegst.

TIPP Ich finde die vegane Version sogar noch besser. Vielleicht hast du Lust, sie einmal auszutesten?

ZIMTSCHNECKEN

12 SCHNECKEN

- 240 ml warme Milch (egal welche)
- 7 g trockene Hefe
- 2 EL Zucker
- 1 TL Salz
- 45 g Butter, Zimmertemperatur
- 1 großes Ei, verquirlt
- 380 g Mehl (und noch ein bisschen zum Bestäuben der Arbeitsfläche)

Für die Füllung
- 100 g Butter
- 150 g brauner Zucker (und ein bisschen zum Bestreuen)
- 2 EL gemahlener Zimt

Die Zimtschnecken brauchen ein bisschen Zeit, aber das sind sie in jedem Fall wert! Zucker ist für dieses Rezept unverzichtbar: Er nährt die Hefe, die daraufhin in winzigen Bläschen Gase wie Kohlendioxid bildet, wodurch der Teig aufgeht. Der braune Zucker verschmilzt mit der Butter und dem Zimt zu einer perfekten Füllung. Das Ergebnis: unfassbar leckere Zimtschnecken, von denen du gar nicht genug bekommen kannst.

Warme Milch mit Hefe, Zucker, Salz, Butter und Ei vermengen. Die Milch sollte allerdings nur lauwarm sein, da sonst die Hefekulturen sterben! Das Mehl zugeben und den Teig bei Raumtemperatur etwa eine Stunde lang ruhen lassen.

Für die Füllung die Butter schmelzen und Zucker mit Zimt vermischen. Ein großes Ofenblech mit Backpapier auslegen.

Arbeitsfläche mit Mehl bestäuben und den Teig in ein 30 × 45 cm großes Rechteck ausrollen. Reichlich Mehl verwenden, damit der Teig nicht kleben bleibt. Großzügig bis zum Rand mit der geschmolzenen Butter einpinseln.

Die Zimt-Zucker-Mischung auf den Teig streuen, auch diesmal ganz bis zum Rand. Teig in eine straffe Rolle eindrehen, am besten beim kürzeren Ende anfangen.

In 12 Stücke schneiden und diese mit der Schnittseite nach unten auf das Backblech legen. 30 Minuten lang gehen lassen.

Den Ofen auf 180 °C Ober-/Unterhitze (160 °C Umluft) vorheizen. Zimtschnecken mit ein wenig zusätzlichem braunen Zucker bestreuen und 15–20 Minuten lang backen lassen, bis sie goldbraun sind.

FEIGEN-ORANGEN-KUCHEN

- 200 g ungesalzene Butter (Zimmertemperatur) und ein wenig mehr zum Einfetten der Backformen
- 200 g brauner Zucker
- 1 Orange, abgerieben und gepresst
- 4 mittelgroße Eier, verquirlt
- 200 g Mehl
- 3 TL Backpulver

Für die Buttercreme
- 75 g ungesalzene Butter (weich, aber nicht geschmolzen)
- 250 g Puderzucker
- 1 Orange, abgerieben und gepresst (1 EL Saft)

Für die Feigenpaste
- 1 frische Feige
- 1 EL flüssiger Honig

Für die Dekoration
- Orangen- und Feigenschnitze
- Rosenblätter
- Geschälte Pistazien (optional)

Du brauchst außerdem
- 2 runde Backformen (Ø 20 cm)

Feigen sind meine Lieblingsfrucht, aber ich finde, dass sie allein nicht genug Aroma für einen Kuchen bieten. Doch zusammen mit Orangen ergeben sie eine traumhafte Kombination! Dieser Kuchen vereint einen Orangenbiskuitteig mit Feigenpaste, Orangenbuttercreme und vielen frischen Feigen zur Deko.

Den Ofen auf 180 °C Ober-/Unterhitze (160 °C Umluft) vorheizen. Die Kuchenzutaten vermischen, dabei Mehl und Backpulver zuletzt zugeben und vorsichtig unterheben.

Jeweils die Hälfte des Teigs in die beiden Backformen geben und für 25 Minuten backen, bis der Teig goldbraun ist und den Stäbchentest besteht. In der Zwischenzeit alle Zutaten für die Buttercreme miteinander vermengen und anschließend kühlstellen.

Für die Feigenpaste die Zutaten im Mixer oder mit dem Pürierstab pürieren und beiseitestellen.

Die Kuchen vor dem Auslösen aus der Form abkühlen lassen. Falls der Kuchen nicht direkt serviert werden soll, die beiden Kuchenteile bis zum Anrichten im Kühlschrank kaltstellen.

Zum Anrichten die Kuchenhälfte mit der weniger schönen Oberseite auswählen und umgedreht auf einer Kuchenplatte platzieren. Eine dünne Schicht Buttercreme auftragen, dann ein wenig Feigenpaste ergänzen und eine weitere dünne Schicht Buttercreme aufstreichen. Vorsichtig die zweite Kuchenhälfte obenauf legen, diesmal richtig herum. Behutsam den Rest der Buttercreme auf der Oberseite verstreichen und mit Orangen- und Feigenschnitzen, Rosenblättern und Pistazien (falls vorhanden) dekorieren.

VANILLE-ZITRONEN-CHEESECAKE

8 PERSONEN

- 250 g Butterkekse
- 100 g Butter und ein wenig mehr zum Einfetten
- 50 g Frischkäse (Doppelrahmstufe)
- 100 g Puderzucker
- 1 TL Vanilleessenz
- 1 Zitrone, abgerieben und gepresst (1 EL Saft)
- 200 ml Crème double

Zum Garnieren:
- Frische Früchte, z.B. Feigen, Blaubeeren, Himbeeren und Kirschen, sowie frische Minze

Du brauchst außerdem
- Eine Tarteform mit Hebeboden (Ø 20 cm)

In meiner gesundheitsfixierten Zeit habe ich mich an einigen milchfreien Cheesecakes ohne Backen versucht. Cashewkerne verleihen ihnen durchaus eine cremige Konsistenz, aber ich finde sie trotzdem recht fest und kaum vergleichbar mit dem Original. Das hier ist das einzig Wahre, und man braucht den Puderzucker, weil seine unglaublich feine Struktur sich perfekt für cremige, leichte Mischungen eignet, die auch ohne Backen auskommen.

Die Tarteform einfetten und einen runden Backpapierzuschnitt auf den Boden legen.

Kekse in einer Schüssel zerdrücken. Butter schmelzen und zu den Keksbröseln geben. Butter-Keks-Gemisch fest andrücken und für 30–60 Minuten im Kühlschrank ruhen lassen.

Den Frischkäse mit dem Puderzucker, der Vanilleessenz, dem Zitronenabrieb und dem Zitronensaft vermengen. Die Crème double aufschlagen und vorsichtig unterheben.

Frischkäsemasse auf den Keksboden geben und gründlich verstreichen. Für ein paar Stunden im Kühlschrank ruhen lassen.

Kurz vor dem Servieren mit frischen Früchten deiner Wahl garnieren. Ich habe Feigen, Blaubeeren, Himbeeren und Kirschen sowie frische Minzblätter genommen.

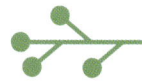

TIPP Im Kühlschrank hält sich der Cheesecake bis zu einer Woche.

REGENBOGEN-FLAPJACKS

8 FLAPJACKS

- 50 g weiche, ungesalzene Butter und ein bisschen mehr zum Einfetten
- 200 g Haferflocken
- 150 g Zuckersirup
- 1 TL Zimt
- 1 mittelgroßes Ei, verquirlt
- 1 Prise Salz
- 50 g Blaubeeren (frisch oder gefroren)
- 50 g Cranberries
- 50 g geschälte Pistazien

Du brauchst außerdem
- 1 Backform mit 1,5-Liter-Fassungsvermögen
- Du kannst die Rezeptmenge einfach verdoppeln, dann kannst du ein ganzes Ofenblech benutzen.

Als Kind war ich die Brownie-Expertin, und meine Schwester war für die Flapjacks (unsere besonders leckeren Müsliriegel in Großbritannien) verantwortlich. Jetzt mache ich beides! Ich persönlich finde die klassischen Flapjacks ein wenig zu süß, deswegen gebe ich gerne Beeren und Nüsse hinzu. So wird die Konsistenz interessanter und die Süße etwas abgemildert. Worauf man jedoch nicht verzichten sollte, ist ein ordentlicher Schuss Zuckersirup — der macht die Flapjacks schön klebrig.

Den Ofen auf 200 °C Ober-/Unterhitze (180 °C Umluft) vorheizen.

Falls die Butter zu fest ist, kurz in der Mikrowelle anwärmen.

Butter mit Haferflocken, Sirup, Zimt, Ei und einer Prise Salz vermengen. Vorsichtig Blaubeeren, Cranberries und Pistazien einrühren.

Backform mit ein wenig Butter einfetten und mit Backpapier auslegen. Den Teig hineingießen und festdrücken. Etwa 20 Minuten backen, bis die Flapjacks goldbraun sind.

5 Minuten abkühlen lassen, dann die Flapjacks aus der Backform nehmen und in 8 Stücke schneiden.

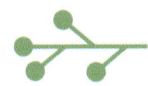

TIPP Die Flapjacks halten sich in einer luftdichten Dose bis zu 2 Wochen.

BIRNENTARTE MIT SALZKARAMELL

8–12 PERSONEN

- 1 fertiger Mürbeteig (320 g)
- 50 g Zucker
- 2 Sternanis
- 1 Zimtstange
- 2 Birnen (z.B. die Sorte Conference), geschält, halbiert und entkernt
- 375 g brauner Zucker
- 100 g Zuckersirup
- 100 g Butter
- 150 g Crème double
- 1 TL Salz
- 50 g gehackte Walnüsse

Du brauchst außerdem

- Eine eingefettete Tarteform mit Hebeboden (Ø 25 cm)

Richtiges Karamell besteht aus granulierten und flüssigen Süßungsmitteln. Zusammen wirken sie einen geheimen Zauber und werden zu einer unfassbar leckeren, dickflüssigen, süßen Masse. Zusammen mit der Frische von Birnen ergibt das eine unschlagbare Kombination.

Den Ofen auf 190 °C Ober-/Unterhitze (170 °C Umluft) vorheizen.

Die Tarteform mit dem Mürbeteig auslegen, dabei den Teig gründlich festpressen. Er darf am Rand ruhig etwas überstehen. Mit einer Gabel einstechen und für 15 Minuten im Ofen backen. Dann abkühlen lassen.

In einem Topf 1 Liter Wasser mit Zucker, Sternanis und Zimtstange aufkochen. Birnen zugeben und für 30 Minuten köcheln lassen, bis sie schön weich sind. Birnen aus dem Wasser nehmen und abkühlen lassen.

Für das Karamell 100 ml Wasser, braunen Zucker und Zuckersirup bei niedriger Temperatur für 10–15 Minuten in einer Pfanne köcheln lassen, bis eine dunkelbraune Karamellmasse entstanden ist. Nicht umrühren. Herd abstellen und Butter, Crème double und Salz hinzufügen, dann vorsichtig umrühren, bis sich eine glatte Masse ergibt. Leicht abkühlen lassen.

Die Birnen nach dem Abkühlen mit den Schnittseiten nach unten auf ein Küchenbrett legen und in dünne Scheiben schneiden.

Die Karamellmasse auf den Mürbeteig gießen und die Birnen fächerförmig darauflegen. Am Rand und in der Mitte mit gehackten Walnüssen bestreuen. Mehrere Stunden, idealerweise über Nacht, abkühlen lassen, bis die Masse fest geworden ist.

UNGLAUBLICH GUTER SCHOKOKUCHEN

8 PERSONEN

Für den Teig
- 150 g Butter
- 100 g dunkle Schokolade
- 1 TL Backpulver
- 30 g Kakaopulver
- 175 g Muscovado-Zucker
- 3 mittelgroße Eier, verquirlt
- 1 TL Vanilleessenz
- 1 Prise Salz
- 150 g Mehl
- 1 ½ TL Backpulver
- Schokoladenraspeln zum Garnieren

Für die Buttercreme
- 150 g dunkle Schokolade
- 150 g weiche Butter (nicht geschmolzen)
- 150 g Puderzucker

Du brauchst außerdem
- Zwei eingefettete Springformen (Ø 20 cm)
- Elektromixer

Dieses Rezept ist garantiert frei von schuldbeladenem Bullshit. Der Kuchen wird all deine Schokoladengelüste befriedigen und dir ein Lächeln ins Gesicht zaubern. Du brauchst auch keine rohen Kakaobohnen zu kaufen — der Kuchen wird eh gebacken! Muscovado-Zucker enthält einen erhöhten Melasseanteil und hat einen leicht rauchigen Nachgeschmack, was den Kuchen umso reichhaltiger und leckerer macht.

Den Ofen auf 190 °C Ober-/Unterhitze (170 °C Umluft) vorheizen.

Butter und Schokolade in der Mikrowelle oder in einer hitzebeständigen Form im Wasserbad schmelzen. Dann mit den restlichen Kuchenzutaten vermengen, wobei das Mehl zuletzt eingerührt werden sollte.

Den Teig gleichmäßig auf zwei Backformen verteilen. Für 20–30 Minuten backen, bis sie die Stäbchenprobe bestehen. Nach 20 Minuten solltest du den Gargrad regelmäßig prüfen, damit der Kuchen nicht zu lange im Backofen bleibt.

Für die Buttercreme die dunkle Schokolade in der Mikrowelle oder in einer hitzebeständigen Form im Wasserbad schmelzen. Mit einem Elektromixer Schokolade, Butter und Puderzucker zu einer zähen Masse vermischen.

Die Kuchen nach dem Backen komplett abkühlen lassen. Wenn du die Buttercreme zu früh auf den Teig gibst, wird sie schmelzen. Erkaltete Kuchen mit Buttercreme bestreichen und aufeinanderlegen. Mit Schokoladenraspeln bestreuen und vor dem Servieren mindestens 30 Minuten kalt stellen.

COOKIES MIT WEISSER SCHOKOLADE UND HIMBEEREN

10–12 COOKIES

- 7 EL Olivenöl
- 150 g brauner Zucker
- 1 TL Vanilleessenz
- 1 Prise Salz
- ½ TL Backpulver
- 180 g Mehl
- 100 g gefrorene Himbeeren
- 80–100 g weiße Schokoladentropfen

Diese Cookies sind meiner Schwester Vivika gewidmet, weil sie die Geschmackskombi liebt. Kann ich bestens nachvollziehen. In diesem Rezept wird brauner Zucker verwendet, der für die ideale Konsistenz der Cookies unerlässlich ist.

Den Ofen auf 200 °C Ober-/Unterhitze (180 °C Umluft) vorheizen.

Olivenöl, Zucker, Ei und Vanilleessenz in einer Schüssel vermengen. Salz und Backpulver zugeben und gut verrühren. Dann nach und nach Mehl zufügen und rühren, bis eine glatte Masse entsteht.

Die Himbeeren grob hacken (ganze Himbeeren machen die Kekse zu weich). Dann die Schokoladentropfen und die Himbeerstücke zum Teig geben und verrühren.

Den Teig esslöffelweise auf ein eingefettetes Backblech geben, dabei genug Abstand lassen. Vorsichtig die Teigportionen rund formen. Falls Schokoladentropfen herausgefallen sein sollten, fest andrücken.

Für 15–18 Minuten backen, bis die Cookies am Rand knusprig und in der Mitte noch schön weich sind.

Für 15 Minuten abkühlen lassen. Vorher nicht berühren oder bewegen.

Genieß
dein Essen

WAS MACHT GESUND?

Die Ernährungswissenschaft kann kompliziert und verwirrend erscheinen, denn schließlich gibt es fast jeden Tag eine neue Schlagzeile, die verkündet, »eine neue Studie beweist, dass ...«. Jemand hat sogar mal eine Webseite angelegt und dort sämtliche Lebensmittel verzeichnet, die laut der *Daily Mail* Krebs heilen oder verursachen sollen (manche kommen sogar in beiden Rubriken vor!). Gemeinhin sind die Medien nicht unbedingt gut darin, über wissenschaftliche Themen zu berichten.

Eigentlich ist es kein Wunder, dass pseudowissenschaftliche Theorien und die hier diskutierten Mythen im Aufschwung sind. Wir haben es gerne unkompliziert, und Schwarz-Weiß-Denken sowie »gute« und »schlechte« Lebensmittel wirken herrlich bequem: Iss das, aber lass davon die Finger. Das ist auch der Grund, weshalb wir offiziellen Richtlinien nicht besonders aufmerksam folgen. Die »Fünf am Tag«-Regel gibt es schon seit Jahren, und trotzdem kommt ein Großteil der Bevölkerung diesem Rat nicht nach. Jemandem zu sagen, er solle mehr von etwas essen, ist bedeutend weniger effektiv als klare Verbote. Und hier kommt die Gesundheitsindustrie ins Spiel. Verpackungen preisen stolz an, dass etwas »frei von ...« (Soja, Gluten, Zucker, Eiern, Freude ...) sei. Auf etwas Bestimmtes zu verzichten ist derzeit einfach ein größeres Statussymbol, als gewisse Lebensmittel zu konsumieren. Wenn man sich die bekannteren Lifestyle- und Wellness-Blogger näher anschaut (oder zumindest ihre »Ernährungsphilosophien«), findet man fast immer eine Liste von Lebensmitteln, die sie als problematisch einstufen, seien es tierische Produkte, Gluten, Hülsenfrüchte oder Getreide. Es ist immer irgendetwas. Am häufigsten werden industriell verarbeitete Lebensmittel, Gluten und raffinierter Zucker genannt. Hoffentlich stimmst du mir nun zu, dass das absoluter Bullshit ist. Aber die Behauptungen kommen an; die Leute finden Gefallen daran, folgen den Diäten und posaunen in die Welt hinaus, sie hätten schon so und so viel Gewicht verloren und würden sich fantastisch fühlen, denn Gewichtsverlust scheint immer das oberste Ziel zu sein. Letzten Endes scheint es in der Lifestyle- und Wellness-Community doch immer nur darum zu gehen: teure, elitäre Schlankheitskuren, die unter dem Deckmantel der »Gesundheit« und eines bestimmten »Lebenswandels« verkauft werden. Indem man Gluten und raffinierten Zucker von seinem Speiseplan streicht, verabschiedet man sich von zahlreichen extrem leckeren Lebensmitteln, und die Kalorienzufuhr ist nicht mehr so einfach. Also nimmt man ab.

Doch mit der Ausbreitung der Orthorexie und ihrer klaren Verbindung zur »Clean Eating«-Bewegung könnte man sogar so weit gehen zu sagen, dass Lifestyle-, Wellness- und Gesundheitswahn auch nur eine sozial respektierte Essstörung sind.

WARUM FALLEN WIR AUF PSEUDO-WISSENSCHAFTLICHE AUSSAGEN HEREIN?

Im Gegensatz zu komplexen und vielleicht wenig eindeutigen staatlichen Richtlinien bieten pseudowissenschaftliche Behauptungen simple Lösungen. Aber es gibt noch weitere Aspekte, die – wie wir im Verlauf dieses Buchs festgestellt haben – allzu verführerisch auf uns wirken.

Korrelationen werden oft als begründete Zusammenhänge fehlinterpretiert. Das bedeutet, dass wir zwei Dinge beobachten, die miteinander zusammenzuhängen scheinen, und schon nehmen wir an, das eine würde das andere bedingen. Derlei Zusammenhänge festzustellen ist ohnehin schon problematisch, aber in der Ernährungswissenschaft ist es sogar noch schwieriger, da es meist widersprüchliche Variablen gibt. Zwei Beispiele, die ich bereits erwähnt habe, sind die vermeintliche Verbindung zwischen Milchkonsum und Osteoporose und die vermeintliche Steigerung des Wohlbefindens durch Glutenverzicht. Obschon das eine sich auf eine Bevölkerungsgruppe und das andere sich auf ein Individuum bezieht, beweist keines der Beispiele einen tatsächlichen Zusammenhang. Es könnte genauso gut sein, dass die Anzahl an Filmen, in denen Nicolas Cage mitspielt, mit der Anzahl an Leuten, die in einen Pool fallen und ertrinken, in Verbindung gebracht wird. Das bedeutet jedoch noch lange nicht, dass Nicolas-Cage-Filme andere zum Ertrinken bringen oder dass ertrunkene Leute die Casting-Direktoren dazu gebracht haben, Rollen mit Nicolas Cage zu besetzen.

Gezielte Angstmacherei ist ein weiterer Grund, warum wir auf pseudowissenschaftliche Aussagen hereinfallen. Sie führt oftmals zu unnötigen Einschränkungen in der Ernährung. Jemandem zu sagen, er solle bestimmte Dinge nicht essen, ist das eine, aber gewisse Lebensmittel als giftig zu bezeichnen und die Begründung dafür sehr (sehr) lose von wissenschaftlichen Prinzipien herzuleiten, an die man sich noch vage aus der Schulzeit erinnert, stiftet Panik und kann Menschen dazu bringen, auf Lebensmittel zu verzichten, die mit großer Wahrscheinlichkeit vollkommen in Ordnung sind. Offensichtlich hat die Gesundheitsindustrie massiv von dieser Masche profitiert. Je nachdem, wohin man schaut, bringen tierische Produkte, Zucker oder industriell verarbeitete Lebensmittel uns bald ins Grab, und der einzige Ausweg ist, für immer darauf zu verzichten. Wenn es nicht die industriell verarbeiteten Lebensmittel sind, werden die darin enthaltenen unaussprechlichen Zutaten und angsterregenden Chemikalien als Wurzel allen Übels verteufelt. Doch Angst vor dem Verzehr bestimmter Lebensmittel zu haben ist keine Ausgangsbasis für ein gesundes Verhältnis zum Essen. Wenn du ein Fertiggericht siehst und echte Angst vor dem Verzehr hast, stimmt etwas nicht. Wenn du so etwas nicht essen möchtest und bewusst darauf verzichtest, ist es deine Entscheidung. Aber man sollte keine so heftige negative Reaktion erleben.

Die Gesundheitsindustrie vergisst bequemerweise, dass »die Dosis das Gift macht«. In einer Dokumentation wurde unlängst behauptet, der Verzehr von verarbeitetem Fleisch sei genauso ungesund wie der Konsum von Plutonium, da beide in der gleichen Liste von Karzinogenen geführt werden. Aber so läuft das nicht. Schon eine kleine Dosis Plutonium ist krebserregend. Das Risiko, an Darmkrebs zu erkranken, vergrößert sich bei einem Fleischkonsum von 50 g oder mehr am Tag jedoch lediglich um 18 %, was einem Risiko von 2,9 %, wenn man weniger Fleisch isst, und einem Risiko von 3,4 % entspricht, wenn man jeden Tag 50 g zu sich nimmt [1]. Das kann man nicht miteinander vergleichen! Genauso gilt Quecksilber als Grund, keinen Fisch mehr zu essen. Sein Vorkommen in rosafarbenem Himalaya-Salz löst jedoch keine Besorgnis aus … [2]. (Randbemerkung: Man sollte tatsächlich nicht zu viel Fisch essen, daher empfehlen die Richtlinien maximal zwei Fischgerichte pro Woche. Aber darauf komplett zu verzichten ergibt keinen Sinn, insbesondere weil so viele Nährstoffe darinstecken!)

Verzweiflung ist ein weiterer Grund, der Menschen an Pseudowissenschaften glauben lässt. Wir kennen wahrscheinlich alle jemanden, der auf Heilung hoffend auf einen Gesundheitsmythos hereingefallen ist. Wenn man mit lebenslangen Schmerzen, chronischen

PIXIE-TIPP
Lange Verbotslisten sollten die Alarmglocken schellen lassen. Insbesondere, wenn du in Büchern darauf stößt und der Autor nichts über dich und deine Ernährungsgewohnheiten weiß.

Beschwerden, degenerativen Krankheiten oder miserablen Prognosen konfrontiert wird, greift man nach jedem Strohhalm. Auch wenn es sich um irren Bullshit handelt. Alles, was man ablehnt, kann als fehlendes Bemühen oder fehlendes Wollen interpretiert werden. Und selbstverständlich gibt es dort, wo verzweifelte Menschen sind, auch solche, die ihre Lage ausnutzen und daran verdienen wollen.

Das führt mich zu einem finalen Aspekt, den ich noch kurz ansprechen möchte ... die sogenannten »Experten«, die ohne ernährungswissenschaftliche Expertise versuchen, Geld zu scheffeln. Dass man unqualifizierte Instagrammer vermeiden sollte, erklärt sich gewissermaßen von selbst. Aber ich möchte auch die medial bekannten Ärzte erwähnen, da das Medizinstudium in Großbritannien nur sehr oberflächlich mit Ernährungswissenschaften zu tun hat und das Wissen der hier ausgebildeten Ärzte nicht mit dem von Ernährungswissenschaftlern und Diätspezialisten zu vergleichen ist. Wenn jemand durch kontroverse Bücher erfolgreich geworden ist, auf seiner Webseite Nahrungsergänzungsmittel verkauft und dann auch noch Dinge bewirbt, die dem allgemeinen wissenschaftlichen Konsens widersprechen, sollte man definitiv skeptisch sein. Ich behaupte nicht, dass man automatisch alles ablehnen sollte, was von solchen Personen gesagt wird. Aber du solltest zumindest hinterfragen, ob es wissenschaftliche Belege für ihre Behauptungen gibt. Wenn jemand von Anfang an einen konkreten Plan verfolgt (zum Beispiel eine Dokumentation oder Bücher zu veröffentlichen, die eine ganz spezielle Ernährungsform als die einzig wahre bewerben), kann es sehr gut sein, dass die Person einzelne Forschungsergebnisse gezielt herauspickt, statt grundlegend zu informieren.

Es gibt fast immer irgendeine Studie, die belegt, was man gerade hören will. Das kannst du dir ungefähr so vorstellen: Wirf eine Münze zehn Mal, und du kannst durchaus zehn Mal »Kopf« hintereinander werfen. Wenn du es nur ein einziges Mal machst, kann man dir durchaus nachsehen, dass du denkst, die Münze weise ausschließlich das Kopf-Symbol auf. Aber wenn du das Experiment Hunderte Male wiederholst, werden deine Ergebnisse irgendwann in Richtung 50 % Kopf und 50 % Zahl gehen. Das gleiche Konzept gilt auch bei wissenschaftlichen Untersuchungen: Einzelne Studien können vollkommen aberwitzige Ergebnisse aufzeigen, die eher auf Zufall beruhen. Wenn man sie mehrfach wiederholt und alle Durchführungen systematisch miteinander vergleicht, um einen Überblick zu gewinnen, versteht man das große Ganze und kann diese Erkennt-

Im Zweifelsfall ist es immer gut, jemanden zu hinterfragen und Gelesenem mit Skepsis zu begegnen.

nisse nutzen, um zum Beispiel staatliche Richtlinien über Ernährung und die öffentliche Gesundheit zu entwickeln. Wenn du also das nächste Mal eine Schlagzeile siehst, die verkündet: »Neue Studie beweist, dass ›X‹ Krebs heilt« oder etwas ähnlich Reißerisches oder Angsteinflößendes, denk daran, dass einzelne Studien nicht allzu ernst genommen werden sollten.

Das erklärt auch, weshalb man individuellen Erfahrungen nicht blind glauben sollte. Nur Experimente, an denen Hunderte oder Tausende von Menschen (z.B. Münzwerfer) teilgenommen haben, können ordentliche Erkenntnisse liefern. Genau deshalb sind Meta-Analysen und staatliche Richtlinien auch vertrauenswürdig – mehr Studien bedeuten mehr Probanden!

Jetzt denkst du vielleicht darüber nach, nach welchem Prinzip ich die hier präsentierten wissenschaftlichen Erkenntnisse ausgewählt habe – gut so! Genau deshalb befindet sich im hinteren Teil des Buches eine Liste mit meinen Quellen. Hoffentlich kannst du daran nachvollziehen, dass ich aus diversen Studien zitiere, um so einen besseren Überblick zu ermöglichen. Und wo es keine eindeutigen Erkenntnisse gibt, habe ich versucht, beide Seiten darzustellen. Zum Beispiel trinke ich meinen Kaffee am liebsten mit künstlichen Süßungsmitteln, habe jedoch auch die negativen Seiten davon diskutiert. Und ich halte nichts von Superfood-Pulvern, habe aber trotzdem erklärt, dass einige Untersuchungen gezeigt haben, dass Maca einen positiven Nutzen haben könnte. Das hätte ich auch einfach weglassen können, aber das wäre wissenschaftlich nicht besonders korrekt von mir gewesen.

Eigentlich ist die Ausgangsbasis
für eine gute Ernährung
recht simpel: alles in Maßen.
Das klingt langweilig und ist
deshalb nicht besonders populär.

WIE SOLLEN WIR UNS DENN NUN ERNÄHREN?

Eigentlich ist die Ausgangsbasis für eine gute Ernährung recht simpel: abwechslungsreich, ausgewogen und von allem, auf das du Lust hast, ein bisschen. Im Grunde genommen »alles in Maßen«. Das klingt langweilig und ist deshalb nicht besonders populär – damit lassen sich keine Bücher verkaufen, TV-Quoten aufpolieren oder Wunderkuren und Wundernahrungsmittel erschaffen. Es gibt keine einfachen und schnellen Versprechen; es lässt sich nicht auf spezielle Lebensmittel oder Nährstoffe beschränken, sondern geht um eine langfristig abwechslungsreiche Ernährung ohne extreme Phasen – ja, damit ist auch Grünkohl gemeint!

Ich finde Diagramme toll, also ist hier eins, das ich gerne meinen Klienten zeige:

Idealerweise sollte das von dir Konsumierte in der Schnittmenge enthalten sein – also Lebensmittel, die dich sowohl glücklich als auch gesund machen und die man idealerweise in größeren Mengen essen kann, wie zum Beispiel deine liebsten Gemüsesorten. In bescheideneren Portionen kannst du Sachen essen, die du liebst, aber die dir in größeren

Mengen nicht guttun (wie zum Beispiel Kuchen). Mach dir keine Sorgen um die Sachen, die dir nicht schmecken, seien sie auch noch so gesund ... zum Beispiel Grünkohl. Das Leben ist zu kurz dafür.

Letzten Endes sollte eine gesunde Ernährung nicht auf Kosten eines gesunden Verhältnisses zum Essen stattfinden – es ergibt keinen Sinn, die gesündesten Lebensmittel der Welt zu futtern und eines Tages als hundertjähriger Trauerkloß zu enden. Denn Gesundheit rührt nicht nur von gesunder Ernährung her; es geht auch um einen gesunden Lebenswandel mit regelmäßiger körperlicher Betätigung, einen gesunden Schlafrhythmus, einen guten Umgang mit Stress, Gene, eine gesunde Psyche, Glück und eine ausgewogene Ernährung. Schlafmangel und hohe Stresslevel werden oft heruntergespielt, auch wenn sie einen großen Einfluss auf das Wohlbefinden haben können. Die geistige Gesundheit wird am häufigsten ignoriert, und sozioökonomische Faktoren werden meist nicht einmal erwähnt.

Wir vergessen schnell, dass die Bevölkerungsgruppen mit der höchsten Lebenserwartung eine abwechslungsreiche Ernährung haben, langsam und bewusst genießen und in Gesellschaft anderer essen. Es ist belegt, dass keine 08/15-Regel Glück und Langlebigkeit für jedermann garantiert. Und genau deshalb möchte ich nicht behaupten, es gäbe nur die eine Form, sich richtig zu ernähren und gesund zu sein. Ich werde dir auch keine Liste mit Ernährungsregeln und verbotenem Essen diktieren. Ich erlaube dir lieber zu essen, was dich glücklich macht, und darauf zu scheißen, was andere denken. Iss den Kuchen, aber iss auch dein Gemüse. Und verwechsle die beiden nicht. Als Gemüse getarnter Kuchen macht dich wahrscheinlich weniger glücklich als das Original, und du würdest letzten Endes vielleicht viel mehr Süßkartoffel-Brownies als klassische Brownie-Stücke essen. Also, genieß dein Gemüse und genieß deinen Kuchen, nur vielleicht nicht gleichzeitig. Und wenn du die Person bist, die angesichts Bratwurst futternder Mitreisender in der Bahn die Nase rümpft, solltest du vielleicht kurz innehalten und überlegen. Was gibt dir das Recht, die andere Person ob ihrer Essenswahl zu verurteilen? Du weißt nichts über sie oder darüber, was sie an dem Tag gemacht oder gegessen haben könnte. Du weißt nicht, ob der Mensch sich gerade etwas gönnt. Man sollte niemanden vorverurteilen. Hoffe einfach, dass die Person glücklich mit ihrer Wahl ist, und freu dich mit ihr.

> Das Leben ist zu kurz für Lebensmittel, die dir nicht schmecken. Egal, wie »gesund« sie auch sind.

Ich schreibe dir keine Ernährungsart vor, weil ich allgemein nicht davon überzeugt bin, dass das sinnvoll ist. Aber ich möchte dir ein paar Richtlinien an die Hand geben, woraus sich eine gesunde Ernährung zusammensetzt.

- Iss viele unterschiedliche Lebensmittel.
- Vermeide nicht die Lebensmittel, die dich glücklich machen, zumindest nicht ganz.
- Opfere dein Sozialleben nicht dafür auf, dass du einen langweiligen Salat allein zu Hause isst.
- Wenn deine Ernährung dich nicht glücklich macht, solltest du sie verändern.

Vage, oder? Und keine Verbote? Aus gutem Grund! Die einzigen Lebensmittel, die du vermeiden solltest, sind die, gegen die du allergisch bist, die verdorben sind und die, die dir nicht schmecken. Aber selbst hier gibt es Ausnahmen: Auch mit einer leichten Laktoseintoleranz kannst du ein Stück des Kuchens essen, den jemand mit Liebe und Butter für dich gebacken hat. Und manche Lebensmittel sollen »verdorben« sein, wie zum Beispiel Käse. Außerdem ist es nicht verkehrt, Dinge, die einem nicht schmecken, irgendwann noch einmal zu probieren.

 WERDE ZUM BULLSHIT-DETEKTOR

Du solltest nicht von anderen abhängig sein, wenn es darum geht, solide Wissenschaft von Ernährungs-Bullshit zu unterscheiden. Es ist gut, wenn du dazu selbst in der Lage bist. Ein naturwissenschaftliches Studium ist die beste Voraussetzung dafür, weil du lernst, wissenschaftliche Sachverhalte zu analysieren und zu deuten. Aber das ist offensichtlich nicht für jede Person realistisch. Dank des Internets ist ein wissenschaftliches Grundverständnis der Bevölkerung jedoch so wichtig wie nie zuvor. Das ist dein Handwerkszeug, um sämtliche Behauptungen, Schlagzeilen und Beweise, die auf dich niederprasseln, kritisch zu untersuchen und zu bewerten. Außerdem fällst du so nicht mehr auf Schlangenöl-Verkäufer und dubiose »Gesundheitsexperten« herein, die vorgeben, das Unheilbare heilen zu können. Du sparst Zeit, Geld und vermeidest einen ängstlichen Umgang mit Essen. Im Extremfall könnte es sogar dein Leben retten.

Langer Rede kurzer Sinn: Hier sind meine Top-10-Tipps, wie man online Ernährungs-Bullshit erkennt:

1. EINE ANTWORT AUF ALLE PROBLEME, URSACHE IRRELEVANT

2. UNIVERSELLER ANSATZ FÜR DIE RICHTIGE LEBENS- UND ESSENSWEISE

3. »WUNDERMITTEL« UND »SUPERFOODS« OHNE WISSENSCHAFTLICHE BELEGE

4. HINZUZIEHEN ALTHERGEBRACHTER (NICHT VERIFIZIERTER) WEISHEITEN

5. HINZUZIEHEN VON VERSCHWÖRUNSTHEORIEN

6. HEFTIGE ABLEHNUNG JEGLICHER BEWEISE, DIE DIE EIGENE THESE NICHT STÜTZEN (ROSINENPICKEREI)

7. HINZUZIEHEN ANEKDOTISCHER BEISPIELE

8. BEHAUPTUNG, DER KÖRPER SEI »VOLLER GIFTE«, GEFOLGT VON TIPPS, WIE MAN IHN »ENTGIFTEN« KÖNNE

9. DER NATURALISTISCHE TRUGSCHLUSS (»NATURBELASSEN IST AUTOMATISCH BESSER«)

10. ANGSTMACHEREI VOR BESTIMMTEN LEBENSMITTELN ODER INHALTSSTOFFEN

Wenn dir irgendetwas davon auffällt, ist Skepsis angesagt. Auch wenn du deine eigene Meinung hinterfragen musst. Insbesondere dann, wenn du mich fragst. Das soll nicht heißen, dass man alles, was damit zu tun hat, abtun muss oder dass man direkt annehmen soll, es handle sich nur um Ernährungs-Bullshit. Schau dir die Informationen einfach gründlich an, hinterfrage die Quellen. Diese zehn Tipps sollten deine Bullshit-Detektoren ordentlich befeuern.

EIN PAAR LETZTE WORTE ...

Wenn du das nötige Kleingeld hattest, dir dieses Buch zu kaufen, befindest du dich vermutlich in einer wunderbar privilegierten Lage; du kannst dir erlauben, dich näher damit auseinanderzusetzen, was und wie du essen möchtest, und musst nicht täglich mit dem Hungertod ringen. Und mit dem Anstieg von Orthorexie würde es manchen von uns bestimmt guttun, etwas entspannter mit unserer Ernährung umzugehen, Diätvorgaben und das Entbehrungsdenken zu vergessen und genussvolles Essen mit unserer Gesundheit gleichzusetzen.

Ich möchte, dass du das Buch aus der Hand legen und von dir behaupten kannst, du hättest etwas Neues gelernt, weniger Angst vor Lebensmitteln und wärst skeptischer gegenüber dem, was du online liest. Aber vor allem möchte ich, dass du erkennst, wie großartig Essen ist und wie wichtig seine Rolle für einen gesunden, glücklichen Lebenswandel ist. Essen ist großartig. Essen bringt Menschen zusammen, ist typisch für bestimmte Anlässe, und ein einziger Duft kann eine Woge der Nostalgie auslösen. Wir nehmen jeden Tag Nahrung zu uns – daran führt kein Weg vorbei –, und deshalb ist unsere Beziehung zum Essen auch so wichtig. Wir sollten ein gesundes Verhältnis zu dem haben, mit dem wir uns ernähren, und keines, das uns nervös und ängstlich macht.

Wohlan, Wellness Rebel!

EINLEITUNG / »CLEAN EATING«

[1] www.bhf.org.uk/heart-matters-magazine/medical/familial-hypercholesterolaemia

EINLEITUNG / DAS »RICHTIGE« ESSEN

[1] Nordmann, A.J., Nordmann, A., Briel, M., Keller, U., Yancy, W., Brehm, B. und Bucher, H. (2006). Effects of low-carbohydrate vs low-fat diets on weight loss and cardiovascular risk factors. *Archives of Internal Medicine*, 166(3), S. 285.

[2] Berg, JM, Tymoczko, JL, Stryer, L. Biochemistry. 5th edition. New York: W H Freeman; 2002. Section 22.1, Triacylglycerols are highly concentrated energy stores.

[3] Wong, J., de Souza, R., Kendall, C., Emam, A. und Jenkins, D. (2006). Colonic health: fermentation and short chain fatty acids. *Journal of Clinical Gastroenterology*, 40(3), S. 235–243.

[4] Kim, Y. und Je, Y. (2016). Dietary fibre intake and mortality from cardiovascular disease and all cancers: A meta-analysis of prospective cohort studies. *Archives of Cardiovascular Diseases*, 109(1), S. 39–54.

[5] Park, Y., Subar, A., Hollenbeck, A. und Schatzkin, A. (2011). Dietary fiber intake and mortality in the NIH-AARP diet and health study. *Archives of Internal Medicine*, 171(12). [6] Dietary fibre and incidence of type 2 diabetes in eight European countries: the EPIC-InterAct Study and a meta-analysis of prospective studies. (2015). *Diabetologia*, 58(7), S. 1394–1408.

[7] Nhs.uk. (2017). *Constipation – NHS Choices*. [online] www.nhs.uk/Conditions/Constipation/Pages/Introduction.aspx [zuletzt aufgerufen 31.08.2017].

[8] Puhl, R. und Heuer, C. (2009). The stigma of obesity: a review and update. *Obesity*, 17(5), S. 941–964.

GLUTEN

[1] Moore, M.M., Schober, T.J., Dockery, P. und Arendt, E.K., 2004. Textural comparisons of gluten-free and wheat-based doughs, batters, and breads. *Cereal Chemistry*, 81(5), S. 567–575.

[2] Nhs.uk. (2017). *Coeliac disease – NHS Choices*. [online] www.nhs.uk/Conditions/Coeliac-disease/Pages/Introduction.aspx [zuletzt aufgerufen 31.08.2017].

[3] Lundin, K.E. und Alaedini, A., 2012. Non-celiac gluten sensitivity. *Gastrointestinal Endoscopy Clinics of North America*, 22(4), S. 723–734.

[4] Biesiekierski, J.R., Peters, S.L., Newnham, E.D., Rosella, O., Muir, J.G. und Gibson, P.R., 2013. No effects of gluten in patients with self-reported non-celiac gluten sensitivity after dietary reduction of fermentable, poorly absorbed, short-chain carbohydrates. *Gastroenterology*, 145(2), S. 320–328.

[5] Halmos, E.P., Christophersen, C.T., Bird, A.R., Shepherd, S.J., Gibson, P.R. und Muir, J.G., 2014. Diets that differ in their FODMAP content alter the colonic luminal microenvironment. *Gut*, pp.gutjnl-2014.

[6] Thompson, T., 2000. Folate, iron, and dietary fiber contents of the gluten-free diet. *Journal of the American Dietetic Association*, 100(11), S. 1389–1396.

[7] Mariani, P., Viti, M.G., Montouri, M., La Vecchia, A., Cipolletta, E., Calvani, L. und Bonamico, M., 1998. The gluten-free diet: a nutritional risk factor for adolescents with celiac disease?. *Journal of Pediatric Gastroenterology and Nutrition*, 27(5), S. 519–523.

[8] Saturni, L., Ferretti, G. und Bacchetti, T., 2010. The gluten-free diet: safety and nutritional quality. *Nutrients*, 2(1), S. 16–34.

[9] Alvarez-Jubete, L., Arendt, E.K. und Gallagher, E., 2010. Nutritive value of pseudocereals and their increasing use as functional gluten-free ingredients. *Trends in Food Science & Technology*, 21(2), S. 106–113.

[10] De Palma, G., Nadal, I., Collado, M.C. und Sanz, Y., 2009. Effects of a gluten-free diet on gut microbiota and immune function in healthy adult human subjects. *British Journal of Nutrition*, 102(8), S. 1154–1160.

[11] Singh, J. und Whelan, K., 2011. Limited availability and higher cost of gluten-free foods. *Journal of Human Nutrition and Dietetics*, 24(5), S. 479–486.

DETOX

[1] Vanin, J. und Saylor, K. (1989). Laxative abuse: a hazardous habit for weight control. *Journal of American College Health*, 37(5), S. 227–230.

[2] Dordoni, B., Willson, R., Thompson, R. und Williams, R. (1973). Reduction of absorption of paracetamol by activated charcoal and cholestyramine: a possible therapeutic measure. *BMJ*, 3(5871), S. 86–87.

[3] Hultén, B., Heath, A., Mellstrand, T. und Hedner, T. (1986). Does alcohol absorb to activated charcoal?. *Human Toxicology*, 5(3), S. 211–212.

[4] Kadakal, Ç., Poyrazoglu, E., Artik, N. und Nas, S. (2004). Effect of activated charcoal on water-soluble vitamin content of apple Juice. *Journal of Food Quality*, 27(2), S. 171–180.

[5] Dangour, A., Lock, K., Hayter, A., Aikenhead, A., Allen, E. und Uauy, R. (2010). Nutrition-related health effects

of organic foods: a systematic review. *American Journal of Clinical Nutrition*, 92(1), S. 203–210.

[6] Smith-Spangler, C., Brandeau, M., Hunter, G., Bavinger, J., Pearson, M., Eschbach, P., Sundaram, V., Liu, H., Schirmer, P., Stave, C., Olkin, I. und Bravata, D. (2012). Are organic foods safer or healthier than conventional alternatives? *Annals of Internal Medicine*, 157(5), S. 348.

[7] Bergmann, M. et al. (2013). The association of pattern of lifetime alcohol use and cause of death in the European Prospective Investigation into Cancer and Nutrition (EPIC) study. *International Journal of Epidemiology*, 42(6), S. 1772–1790.

FETT

[1] Manninen, V., Tenkanen, L., Koskinen, P., Huttunen, J., Manttari, M., Heinonen, O. und Frick, M. (1992). Joint effects of serum triglyceride and LDL cholesterol and HDL cholesterol concentrations on coronary heart disease risk in the Helsinki Heart Study. Implications for treatment. *Circulation*, 85(1), S. 37–45.

[2] Fernandez, M. L. und West, K. L., 2005. Mechanisms by which dietary fatty acids modulate plasma Lipids1. *The Journal of Nutrition*, 135(9), S. 2075–2078.

[3] Mozaffarian, D., Katan, M. B., Ascherio, A., Stampfer, M. J. und Willett, W. C., 2006. Trans fatty acids and cardiovascular disease. *New England Journal of Medicine*, 354(15), S. 1601–1613.

[4] Hooper, L., Martin, N., Abdelhamid, A. und Davey Smith, G., 2015. Reduction in saturated fat intake for cardiovascular disease. *The Cochrane Library*.

[5] Chen, M., Li, Y., Sun, Q., Pan, A., Manson, J. E., Rexrode, K. M., Willett, W. C., Rimm, E. B. und Hu, F. B., 2016. Dairy fat and risk of cardiovascular disease in 3 cohorts of US adults. *The American Journal of Clinical Nutrition*, 104(5), S. 1209–1217.

[6] Shin, J. Y., Xun, P., Nakamura, Y. und He, K., 2013. Egg consumption in relation to risk of cardiovascular disease and diabetes: a systematic review and meta-analysis. *The American Journal of Clinical Nutrition*, pp.ajcn-051318.

[7] Santos, F. L., Esteves, S. S., da Costa Pereira, A., Yancy Jr, W. S. und Nunes, J. P. L., 2012. Systematic review and meta-analysis of clinical trials of the effects of low carbohydrate diets on cardiovascular risk factors. *Obesity Reviews*, 13(11), S. 1048–1066.

[8] Eyres, L., Eyres, M. F., Chisholm, A. und Brown, R. C., 2016. Coconut oil consumption and cardiovascular risk factors in humans. *Nutrition Reviews*, 74(4), S. 267–280.

[9] Marten, B., Pfeuffer, M. und Schrezenmeir, J., 2006. Medium-chain triglycerides. *International Dairy Journal*, 16(11), S. 1374–1382.

[10] Stanley, J. C., Elsom, R. L., Calder, P. C., Griffin, B. A., Harris, W. S., Jebb, S. A., Lovegrove, J. A., Moore, C. S., Riemersma, R. A. und Sanders, T. A., 2007. UK Food Standards Agency Workshop Report: the effects of the dietary n-6: n-3 fatty acid ratio on cardiovascular health. *British Journal of Nutrition*, 98(6), S. 1305–1310.

[11] Lin, L., Allemekinders, H., Dansby, A., Campbell, L., Durance-Tod, S., Berger, A. und Jones, P. J., 2013. Evidence of health benefits of canola oil. *Nutrition Reviews*, 71(6), S. 370–385.

[12] Gov.uk. (2017). *Family Food Statistics – GOV.UK*. [online]: www.gov.uk/government/collections/family-food- statistics [zuletzt aufgerufen 31.08.2017].

[13] Rippe, J. M. and Angelopoulos, T. J., 2015. Sugars and health controversies: what does the science say? *Advances in Nutrition: An International Review Journal*, 6(4), S. 493S–503S.

SUPERFOOD

[1] Hemilä, H. und Chalker, E., 2013. Vitamin C for preventing and treating the common cold. *The Cochrane Library*.

[2] Karlowski, T. R., Chalmers, T. C., Frenkel, L. D., Kapikian, A. Z., Lewis, T. L. und Lynch, J. M., 1975. Ascorbic acid for the common cold: a prophylactic and therapeutic trial. *Jama*, 231(10), S. 1038–1042.

[3] Creagan, E. T., Moertel, C. G., O'Fallon, J. R., Schutt, A. J., O'Connell, M. J., Rubin, J. und Frytak, S., 1979. Failure of high-dose vitamin C (ascorbic acid) therapy to benefit patients with advanced cancer: a controlled trial. *New England Journal of Medicine*, 301(13), S. 687–690.

[4] Gonzales, G. F., Cordova, A., Vega, K., Chung, A., Villena, A. und Góñez, C., 2003. Effect of Lepidium meyenii (Maca), a root with aphrodisiac and fertility-enhancing properties, on serum reproductive hormone levels in adult healthy men. *Journal of Endocrinology*, 176(1), S. 163–168.

[5] Gonzales, G. F., Cordova, A., Vega, K., Chung, A., Villena, A., Góñez, C. und Castillo, S., 2002. Effect of Lepidium meyenii (Maca) on sexual desire and its absent relationship with serum testosterone levels in adult healthy men. *aNDROLOGia*, 34(6), S.367–372.

[6] Dording, C. M., Fisher, L., Papakostas, G., Farabaugh, A., Sonawalla, S., Fava, M. und Mischoulon, D., 2008. A double-blind, randomized, pilot dose-finding study of maca root (L. Meyenii) for the Management of SSRI-Induced Sexual Dysfunction. *CNS Neuroscience & Therapeutics*, 14(3), S. 182–191.

[7] Lee, M. S., Shin, B. C., Yang, E. J., Lim, H. J. und Ernst, E., 2011. Maca (Lepidium meyenii) for treatment of menopausal symptoms: a systematic review. *Maturitas*, 70(3), S. 227–233. www.ncbi.nlm.nih.gov/pubmed/21840656

[8] McCarron, P., Logan, A. C., Giddings, S. D. und Quilliam, M. A., 2014. Analysis of ß- N-methylamino- L-alanine (BMAA) in spirulina-containing supplements by liquid chromatography-tandem mass spectrometry. *Aquatic Biosystems*, 10(1), S. 5.

[9] Glover, W., Baker, T. C., Murch, S. J. und Brown, P., 2015. Determination of ß-N-methylamino-L-alanine, N-(2-aminoethyl) glycine, and 2, 4-diaminobutyric acid in food products containing cyanobacteria by ultra-performanceliquid chromatography and tandem mass spectrometry: single-laboratory validation. *Journal of AOAC International*, 98(6), S. 1559–1565.

[10] Rellán, S., Osswald, J., Saker, M., Gago-Martinez, A. und Vasconcelos, V., 2009. First detection of anatoxin-a in human and animal dietary supplements containing cyanobacteria. *Food and Chemical Toxicology*, 47(9), S. 2189–2195.

[11] Pablo, J., Banack, S. A., Cox, P. A., Johnson, T. E., Papapetropoulos, S., Bradley, W. G., Buck, A. und Mash, D. C., 2009. Cyanobacterial neurotoxin BMAA in ALS and Alzheimer's disease. *Acta Neurologica Scandinavica*, 120(4), S. 216–225.

[12] Watanabe, F., 2007. Vitamin B_{12} sources and bioavailability. *Experimental Biology and Medicine*, 232(10), S. 1266–1274.

[13] Bradbury, K. E., Appleby, P. N. und Key, T. J., 2014. Fruit, vegetable, and fiber intake in relation to cancer risk: findings from the European Prospective Investigation into Cancer and Nutrition (EPIC). *The American Journal of Clinical Nutrition*, 100(Supplement 1), S. 394S–398S.

[14] Peto, R., Doll, R., Buckley, J. D. und Sporn, M. B., 1981. Can dietary beta-carotene materially reduce human cancer rates? *Nature*, 290(5803), S. 201–208.

[15] Chen, G. C., Lu, D. B., Pang, Z. und Liu, Q. F., 2013. Vitamin C intake, circulating vitamin C and risk of stroke: a meta-analysis of prospective studies. *Journal of the American Heart Association*, 2(6), p.e000329.www.ncbi. nlm.nih.gov/pmc/articles/PMC3886767/

[16] Bjelakovic, G., Nikolova, D., Gluud, L. L., Simonetti, R. G. und Gluud, C., 2007. Mortality in randomized trials of antioxidant supplements for primary and secondary prevention: systematic review and meta-analysis. *Jama*, 297(8), S. 842–857.

[17] Ding, M., Satija, A., Bhupathiraju, S. N., Hu, Y., Sun, Q., Han, J., Lopez-Garcia, E., Willett, W., van Dam, R. M. und Hu, F. B., 2015. Association of coffee consumption with total and cause-specific mortality in three large prospective cohorts. *Circulation*, pp.CIRCULATIONAHA-115.

BASISCH

[1] Darling, A. L., Millward, D. J., Torgerson, D. J., Hewitt, C. E. und Lanham-New, S. A., 2009. Dietary protein and bone health: a systematic review and meta-analysis. *The American Journal of Clinical Nutrition*, 90(6), S. 1674–1692.

[2] Kerstetter, J. E., O'brien, K. O., Caseria, D. M., Wall, D. E. und Insogna, K. L., 2005. The impact of dietary protein on calcium absorption and kinetic measures of bone turnover in women. *The Journal of Clinical Endocrinology & Metabolism*, 90(1), S. 26–31.

[3] Fenton, T. R., Lyon, A. W., Eliasziw, M., Tough, S. C. und Hanley, D. A., 2009. Meta-analysis of the effect of the acid-ash hypothesis of osteoporosis on calcium balance. *Journal of Bone and Mineral Research*, 24(11), S. 1835–1840.

[4] Fenton, T. R., Lyon, A. W., Eliasziw, M., Tough, S. C. und Hanley, D. A., 2009. Phosphate decreases urine calcium and increases calcium balance: a meta-analysis of the osteoporosis acid-ash diet hypothesis. *Nutrition Journal*, 8(1), S. 41.

[5] Schwalfenberg, G. K., 2012. The alkaline diet: is there evidence that an alkaline pH diet benefits health?. *Journal of Environmental and Public Health*, 2012.

[6] Adeva, M. M. und Souto, G., 2011. Diet-induced metabolic acidosis. *Clinical Nutrition*, 30(4), S. 416–421.

[7] The National Diet and Nutrition Survey, 2014. www.gov.uk/government/statistics/national-diet-and-nutrition-survey-resultsfrom-years-1-to-4-combined-of-the-rolling-programme-for-2008-and-2009-to-2011-and-2012

ROHKOST

[1] Hobbs, S. H., 2005. Attitudes, practices, and beliefs of individuals consuming a raw foods diet. Explore: *The Journal of Science and Healing*, 1(4), S. 272–277.

[2] Rickman, J. C., Barrett, D. M. und Bruhn, C. M., 2007. Nutritional comparison of fresh, frozen and canned fruits and vegetables. Part 1. Vitamins C and B and phenolic compounds. *Journal of the Science of Food and Agriculture*, 87(6), S. 930–944.

[3] Rickman, J. C., Bruhn, C. M. und Barrett, D. M., 2007. Nutritional comparison of fresh, frozen, and canned fruits and vegetables II. Vitamin A and carotenoids, vitamin E, minerals and fiber. *Journal of the Science of Food and Agriculture*, 87(7), S.1185–1196.

[4] Chai, W. und Liebman, M., 2005. Effect of different cooking methods

on vegetable oxalate content. *Journal of Agricultural and Food Chemistry*, 53(8), S. 3027–3030.

[5] Hotz, C. und Gibson, R. S., 2007. Traditional food-processing and preparation practices to enhance the bioavailability of micronutrients in plant-based diets. *The Journal of Nutrition*, 137(4), S. 1097–1100.

[6] Urbano, G., Lopez-Jurado, M., Aranda, P., Vidal-Valverde, C., Tenorio, E. und Porres, J., 2000. The role of phytic acid in legumes: antinutrient or beneficial function?. *Journal of Physiology and Biochemistry*, 56(3), S. 283–294.

[7] Jiménez-Monreal, A. M., García-Diz, L., Martínez-Tomé, M., Mariscal, M. M. M. A. und Murcia, M. A., 2009. Influence of cooking methods on antioxidant activity of vegetables. *Journal of Food Science*, 74(3).

[8] Koebnick, C., Garcia, A. L., Dagnelie, P. C., Strassner, C., Lindemans, J., Katz, N., Leitzmann, C. und Hoffmann, I., 2005. Long-term consumption of a raw food diet is associated with favorable serum LDL cholesterol and triglycerides but also with elevated plasma homocysteine and low serum HDL cholesterol in humans. *The Journal of Nutrition*, 135(10), S. 2372–2378.

[9] Pawlak, R., Parrott, S. J., Raj, S., Cullum-Dugan, D. und Lucus, D., 2013. How prevalent is vitamin B_{12} deficiency among vegetarians?. *Nutrition Reviews*, 71(2), S. 110–117.

[10] Fontana, L., Shew, J. L., Holloszy, J. O. und Villareal, D. T., 2005. Low bone mass in subjects on a long-term raw vegetarian diet. *Archives of Internal Medicine*, 165(6), S. 684–689.

[11] Koebnick, C., Strassner, C., Hoffmann, I. und Leitzmann, C., 1999. Consequences of a long-term raw food diet on body weight and menstruation: results of a questionnaire survey. *Annals of Nutrition and Metabolism*, 43(2), S. 69–79.

[12] People dying in the care of raw foodies: www.mbp.state.md.us/pages/sanctions. html www.vegsource.com/talk/raw/messages/100032793.html

ZUCKER

[1] Carbohydrates, SACN., 2015. Health report. England PH, editor. www.gov. uk/government/publications/sacn-carbohydratesand-health-report

[2] Aguilar, F., Charrondiere, U. R., Dusemund, B., Galtier, P., Gilbert, J. und Gott, D. M., 2010. Scientific opinion on the safety of steviol glycosides for the proposed uses as a food additive. *EFSA J*, 8, S.1537.

[3] Europäische Kommission Scientific Committeeon Food, 2000. *Opinion of the Scientific Committee on Food on Sucralose.* www.ec.europa.eu/food/sites/food/files/safety/docs/sci-com_scf_out68_en.pdf

[4] Panel, E. A., 2013. Scientific opinion on the re-evaluation of aspartame (E 951) as a foodadditive. *EFSA J*, 11. www.onlinelibrary.wiley.com/doi/10.2903/j.efsa.2013.3496/abstract

[5] Lim, U., Subar, A. F., Mouw, T., Hartge, P., Morton, L. M., Stolzenberg-Solomon, R., Campbell, D., Hollenbeck, A. R. und Schatzkin, A., 2006. Consumption of aspartame-containing beverages and incidence of hematopoietic and brainmalignancies. *Cancer Epidemiology and Prevention Biomarkers*, 15(9), S. 1654–1659.

[6] Miller, P. E. und Perez, V., 2014. Low-calorie sweeteners and body weight and composition: a meta-analysis of randomized controlled trials and prospective cohort studies. *The American Journal of Clinical Nutrition*, 100(3), S. 765–777.

[7] Suez, J., Korem, T., Zeevi, D., Zilberman-Schapira, G., Thaiss, C. A., Maza, O., Israeli, D., Zmora, N., Gilad, S., Weinberger, A. und Kuperman, Y., 2014. Artificial sweeteners induce glucose intolerance by altering the gut microbiota. *Nature*, 514(7521), S. 181–186.

[8] Bellisle, F., 2015. Intense sweeteners, appetite for the sweet taste, and relationship to weight management. *Current Obesity Reports*, 4(1), S. 106–110. www.link.springer.com/article/10.1007/s13679-014- 0133-8

[9] Meni, A. C. S., Swithers, S. E. und Rother, K. I., 2015. Positive association between artificially sweetened beverage consumption and incidence of diabetes. *Diabetologia*, 58(10), S. 2455–2456.

[10] Avena, N. M., Rada, P. und Hoebel, B. G., 2008. Evidence for sugar addiction: behavioural and neurochemical effects of intermittent, excessive sugar intake. *Neuroscience & Biobehavioral Reviews*, 32(1), S. 20–39.

[11] Lenoir, M., Serre, F., Cantin, L. und Ahmed, S. H., 2007. Intense sweetness surpasses cocaine reward. *PloS one*, 2(8), p.e698. www.journals.plos.org/plosone/article?id=10.1371/journal.pone.0000698

[12] Westwater, M. L., Fletcher, P. C. und Ziauddeen, H., 2016. Sugar addiction: the state of the science. *European Journal of Nutrition*, 55(2), S. 55–69.

NACHWORT / GENIESS DEIN ESSEN

[1] Carcinogenicity of consumption of red and processed meat. www.thelancet.com/journals/lanonc/article/PIIS1470-2045(15)00444-1/fulltext

[2] Minerals in Himalayan Pink Salt: Spectral Analysis. www.themeadow.com/pages/minerals-in- himalayan-pink-salt-spectral- analysis